# 房地产收购勾地理论与实践

周 璐 著

同济大学出版社
TONGJI UNIVERSITY PRESS

**图书在版编目（CIP）数据**

房地产收购勾地理论与实践 / 周璐著 . -- 上海：同济大学出版社，2020.9
ISBN 978-7-5608-9443-0

Ⅰ . ①房… Ⅱ . ①周… Ⅲ . ①房地产投资—教材
Ⅳ . ① F293.353

中国版本图书馆 CIP 数据核字（2020）第 155718 号

**房地产收购勾地理论与实践**

周 璐 著

责任编辑：姚烨铭
责任校对：徐春莲
封面设计：陈益平

出版发行 同济大学出版社 www.tongjipress.com.cn
（地址：上海市四平路 1239 号 邮编：200092 电话：021-65985622）
经 销 全国各地新华书店
印 刷 上海安枫印务有限公司
开 本 710mm × 980mm 1/16
印 张 13
字 数 260 000
版 次 2020 年 9 月第 1 版 2021 年 6 月第 2 次印刷
书 号 ISBN 978-7-5608-9443-0
定 价 128.00 元

# 前言

本书是写给开发商投资部门的小伙伴们的，也是写给有志于介入房地产投资领域的地产专业人士、金融人士以及高等院校相关专业的学生的。

房地产行业，特别是新房建设开发这一块业务现在已经正式进入了下半场。所谓下半场，就是终场的哨声不经意间就可能吹响，在场内的人如履薄冰、战战兢兢，用更大的努力实现翻盘或扩大战果。实际情况也是这样，赛道越来越窄、要求越来越高，对开发商投资人员的业务水平要求也越来越高。在量价齐升的上半场，投资人员要犯错很难，只要拿到项目，除非出现不可开发、不可销售的问题，再大的风险都能在量化成本之后被市场的力量所化解；只要房价上涨，就能解决一切问题。所以在房地产业务上半场的时候，大部分开发商都处于“躺赢”状态。但是在下半场，市场的不确定性增强，一二线城市强限购限价，三四线城市弱需求，投资面临的风险不仅仅是项目本身的开发风险，市场风险也在叠加扩大，此时，如果投资人员的业务能力不足，暴露的问题是呈几何倍数放大的。

本书写的是技术，是写给在房地产业务下半场煎熬中的投资小伙伴们，赛道虽然狭窄，但是拥有技术就不会被行业甩掉，项目虽然难做，但是只要技术到位，项目本身的风险还是能被排除，剩下的可以交给市场。

相较于被市场托着走的上半场，房地产业务下半场才能更好地体现投资人员的个人价值，逆势炼真金，与各位共勉。

周璐

2020 年 6 月

# 目录

# 第一章 收并购的理论经验

## 第一节　收并购的意义

学习收并购，首先要明确的是为什么要做收并购，做收并购项目到底有哪些比较优势。

目前，除了绿地、华夏、珠江这些企业主要聚焦在勾地、一级开发、旧改等领域之外，大部分企业拿地的主战场还是在招拍挂上。

招拍挂的劣势相对还是不少的。第一是土地供应的时间不确定，地方政府控制供地节奏，市场好的时候供应的土地相对较多，但竞争也往往比较激烈，抢下来的大多是高价地，利润非常薄甚至有亏损风险；市场不好的时候反而减少供地甚至不供地了，因为市场不好，土地卖不上价，这个时候开发商就算手上有钱也没有太多的选择空间。第二是开发节奏上比较慢，大部分拍下来的土地从报批报建到开工都是按部就班的，从拿地到预售的时间相对较长，一般在半年以上，部分审批较严格的一二线城市甚至需要一年以上，对高周转的战略影响较大。第三是土地价格难以控制，容易产生地王，为企业的经营带来巨大风险，招拍挂价高者得的特点决定了最终的价格往往是非理性的，不少开发商就折戟在高价地上。

对于头部企业而言，每年收并购项目的获取占比一般不会太大，在10%～40%，但作为侧面战场，已经能够帮助解决拿地的一些问题。

收并购的优势一般有以下几点：

### 1. 价格便宜，付款条件优惠

收并购比招拍挂的优势其实就在于价格，一定要有较大的折让，这也是交易成立的前提，不然直接去招拍挂就好了。此外，收并购的付款方式一般比招拍挂要好，因为招拍挂目前能做到6个月付清的非常少，常规都是1个月内付清，而收并购的付款由于有风控的因素压尾款，基本上都能争取到半年以上付清。

### 2. 现金流好

收并购项目一般都办好了土地证，甚至可能报规报建都已做完，寻求融资回款较为容易，无论是办理并购贷，还是股权过户后启动前端融资、开发贷等一般速度均较快，融资性现金流回正较为容易。如果碰到在建工程状态，收购完股权后，融资也下来、销售也马上启动，甚至可以做到不动用自有资金来做项目，对企业的经营压力非常小。

### 3. 大型土储的可能

招拍挂一宗地一般不会超过100亩，而收购一家企业，往往就能纳入几百亩的土地储备，甚至是一连串的资产包，如果能做到承债式收购，那么就变成小资金撬动大项目，对企业的规模扩张非常有利。

所谓承债式收购，并不是项目公司债务多就是承债式收购，比如股东借款，这个债是需要和股权款一起作为转让对价支付给转让方。承债式收购中有意义的负债，其实还是项目公司欠金融机构并尚未到期的负债，承接这笔负债，等同于受让方接下了项目公司股权后又向原有的金融机构融了一笔资金，省下了另行融资的麻烦。

### 4. 其他好处

其他好处也很多，比如对报表会有提升，因为不少收并购项目处于结转利润阶段，有些收并购项目还能提升公司的管理或者设计能力，等等。

## 第二节　收并购标准动作分解

影响收并购项目能否完美运作主要依赖两个因素：①制度、流程是不是合理合规；②投资团队是不是有解决疑难问题的能力。流程合理合规之后，大部分风险都能依靠制度的力量予以解决，能保证交易不会出现太大的纰漏。当然，项目推进过程中大概率也会出现意想不到的难点，如土地层面的、公司层面的、政府层面的，需要依靠个人或团队的能力予以攻坚解决。

本节就是把收并购的标准动作梳理一下，捋一捋常规的流程动作。

### 一、步骤一：估价

拿到标的项目材料之后，投资部门就要去估价，标的项目到底值多少钱，如果估价依据不足的，就必须让转让方或者中介把相关材料补齐。就跟买二手房一样，首先买房人得对房子要有概念，到底值多少钱才合适。

估价一般都是参考近期公开市场招拍挂的价格，评估一下这块地如果是当前招拍挂市场上拿下来的，可能会是什么价格。

估价的依据也一定要以各种文件为准，要有自己的判断，不能仅听转让方或者中介的一面之词，就算现在难以确认、被迫先假设部分指标，以后有条件情况下也一定要确认，并在合作协议中留下可根据指标确认情况相应调整转让对价的条款，没有文件支撑的估价就只是假设而已。

## 二、步骤二：评估报价

收并购洽谈的时候，诚意的转让方一般都会先提出报价，那种要求买方出价或者到处询价的转让方一般可以不去理会，通常难谈得很。

这个阶段吃透合作方的报价非常重要，投资人员需要确认转让方的报价和自己的心理预期有多少差距，才能筹划后续如何洽谈。

### 1. 报价的内涵要明确

不少转让方并不专业，往往报价不明确，把资产对价当作股权对价，自己都没搞清楚债怎么处理，股怎么溢价。所以报价要反复找转让方去确认内涵，避免后续商务条件洽谈的时候“鸡同鸭讲”，各自理解而扯不清楚。一般来讲，能讲得清楚标的的项目资产本身对方想卖多少钱就差不多了，后面把债务和其他待履约费用一扣除，就是股权价格。

### 2. 量化出真实的收购成本，并与招拍挂土地价格对比

收并购的核心逻辑是，收并购项目的价格与付款方式比招拍挂项目有较大的优势，不然收并购就毫无意义，毕竟收并购项目中的潜在风险防不胜防，没有招拍挂项目“干净”、省心，如果价格还和招拍挂的一样，项目的意义就不大了。

收并购项目中因为转让方要盈利，一般都会有溢价，而“溢价”是没有可税前列支票据支撑的，需要从税后净利润中扣除。相同的名义收购价格和招拍挂价格相比，由于收并购没有足额土地类票据，在成本缺失的情况下，实际测算中会比相同价格的招拍挂项目多很多税费支出。

所以一般都会通过相同的净利润额，通过相同的测算假设（指标、售价、成本）模拟还原，比较名义收购价格可以等同于招拍挂以什么价格获取类似地块，并以该价格和招拍挂市场价同等比较。若还原出来的价格高于市场价格，那洽谈策略上肯定会作一定的调整，毕竟收购价格比市场价还贵的话就需要谨慎了。

### 3. 洽谈策略

策略的依据是根据初步的测算结果而定，如果价格合适，那肯定是加快推进、雷厉风行；若价格不合适，则要谨慎，研究如何让对方在商务条件上让步，梳理各种各样的支付节点或风险点，在哪些点上让对方让步，把价钱压下来。

## 三、步骤三：洽谈阶段

之前两个步骤大多是内业，是吃透材料，明确估价、评判报价，制订一个整体商务洽谈策略的过程。

当明白了成本底线在哪里，利润空间在哪里的时候，其实洽谈的底线和策略基本上就清楚了。从第三步起，就开始要谋定而后动了。

### 1. 明确转让方的核心诉求

毕竟满足转让方的核心诉求比满足他的其他诉求有效得多，而且也是要达成协议绕不开的节点。比如某个案例中，转让方急缺一笔钱救急，但是又想着留若干股分后面收益，同时还想过程中分现金流。其实可以分析出来，核心诉求是要一笔钱救急，其他的只是锦上添花，所以一般都可以果断提出，前面给了钱其他条件就让一下，一般磨一磨转让方基本上都会答应。

### 2. 交易架构越简单越好

一手给钱一手过户是最好的交易模式，没有其他。越复杂的交易模式，一般对受让方越不利，履约难度会非常大，毕竟受让方出钱，出了钱之后受让方控制力骤然减弱，而转让方控制力是随之提高的，出钱越多，转让方地位可以越强势。复杂的交易模式履约非常艰难，转让方拿到钱后也会评估自己的投入产出，如果资金投入或精力投入会比较大的话，大概率会不管不顾，这些会使受让方非常“难受”。

### 3. 洽谈交易结构的时候，一般原则是各算各的账

转让方通过转让盈利是人家的本事，市场行情来了的确是应得的，受让方要算好自己的账，认可支付溢价后项目的投资回报能力即可。一般也不用去忌惮转让方盈利是否过多，除非在制订洽谈策略的时候，会根据转让方盈利情况来谋划自己的洽谈策略，揣测一下转让方价格让渡的底线。受让方算账的时候心中最好也要有杆秤，就是如果自己去招拍挂差不多的地块，是不是能赚更多的钱，收购项目的优势在哪里？

## 四、步骤四：达成协议

洽谈初步达成一致之后，受让方的经办人员要上报公司决策层，得到确认后，可以签订框架协议，约定商务条件、工作安排和排他约定等。

然后开始尽职调查（以下简称“尽调”），尽调的意义是尽可能完全披露风险，毕竟框架协议中的风险约定只是转让方自行披露，而尽调则是经转让方同意的客观调查，能力强的尽调团队可以从蛛丝马迹中寻找转让方可能隐藏或者忽视的风险点。

尽调结果的用处有两个，一个是因为转让方的陈述不符而调整商务条件，另一个是增加风险事项处理约定，两者都是对框架协议约定

的调整。

一般都要把尽调结果和协议调整意见让决策层过目一下，确认后就可签订正式股权转让协议。

### 五、步骤五：履约

收并购项目的履约特别麻烦。首先是项目公司的交接以及股权变更，无论如何，项目公司的交接必须第一时间完成，最好公章直接换掉重新做，只有证照章都拿到手了，风险敞口才能关闭。那种协议签订后，证照章没有第一时间拿来盖章的担保文件，导致后续经营困难的案例还是有很多的，交接时必须要重视。

履约过程中，可能会有原来协议中没有约定的或有事项发生，这个时候受让方其实是比较被动的，一般都是依靠未付资金进行控制，要求转让方签订补充协议予以明确。如果钱已经付清，或者协议签的是现状转让，那受让方大概率只能自己承担这些风险了。

良好的投后履约其实也是靠人去盯出来的，一般是盯到项目可以正式开工启动了就差不多结束，因为能到开工那一步，基本上大部分风险（权属、规划或有负债）该解决的都解决了。

## 第三节　收并购的风险与规避

### 一、风险的披露要求

收并购项目，无论是前期洽谈时转让方的主动披露，还是后期尽职调查时的被动披露，对于项目所出现的风险该如何处理，都是洽谈过程中的焦点与难点。

在此还是要对风险的内涵作一个界定，风险之所以成为风险，是因为搞不清楚情况，一旦出现问题，很有可能带来意料之外的损失。如果风险能完全量化，那么风险就不成为风险，而只是一个浮动的成本项目罢了。

所以，我们在评估收并购其风险的时候，第一要务就是做到能讲清楚。如果能把风险从头到尾讲得明明白白，那其实就算是转让方不承担任何责任义务的现状转让，我们也能做到胸有成竹。

那么，风险量化到什么程度才算合适呢?

### 1. 能讲清楚到底要耽误多少时间

以动迁时间为例，很难确认动迁的具体时间，现实工作中动迁时间延期的比比皆是，如果转让方在洽谈中表示大概 1 年内能动迁完毕，那实操中可以逼一下，建议在合作协议中约定，约定超过 1 年的话转让方须承担违约责任。如果转让方不愿意承诺，那么口说无凭，受让方也没法相信 1 年内能动迁完毕。进一步而言，可以请转让方给一个能够兜底的时间，2 年、3 年都行，转让方的担保和承诺是受让方量化风险的一个抓手，当然受让方的商务条件和测算也要随着转让方的承诺而调整。

### 2. 能讲清楚到底要损失多少金钱

以动迁金额为例，不可预见性也很强，如果转让方洽谈中表态了一个大致的数字，那受让方也可以请他写入协议中，进行包干制，赚了都是他的，少了他要补，看他愿意承担多少，受让方锁定自己的成本，对方动迁的钱也能赚一点。否则这一块就敞口了，一旦收不住就是大问题，请转让方包干也算是量化受让方未来的动迁风险。

### 3. 能讲清楚合作方对其承诺风险事项到底有没有担保能力

很多风险能不能量化是一方面，另一方面是量化完毕之后，根据常规的洽谈结果，大多数情况下风险都是需要转让方去承担的，这个时候就也要讲清楚合作方有没有承担或者担保能力。如果没有承担或者担保的能力，其实这些风险都是敞口的，在转让方作为第一道防火墙违约认罚之后，溢出的多余风险最后还是要由受让方去承担。

举个最简单的例子：一个项目已经资不抵债，就算计算溢价也就刚好把债务还清，项目的转让方已经失信，不具有任何支付能力，那所有的风险事项就算转让方有意愿承担责任，他也没有能力兑付可能有的违约赔偿，所以对他承诺事项的违约条款基本上是有效却无意义的，因为就算打官司也没有钱赔付。

## 二、常规规避办法

风险首先是要尽可能地去暴露，然后是尽可能地趋利避害。但是天底下没有百分之一百的万能条款可以做到把风险全部规避，有的只是和商务条款进行联动，获得风险转移或者降低自身风险的筹码。风险是项目公司的风险，本质上而言，风险就是个零和博弈，不是转让方承担就是受让方承担，不是扣转让方的钱就是扣受让方的钱。

但是风险又是有可能可以通过主动梳理去降低甚至消灭的，关键看人的努力，有人静下心去努力梳理努力解决，相信风险总是有解决途径，但是从效率而言，转让方去做这些事情，效率会更高。

所以常规的规避办法有三类。

### 1. 资金上，不付钱就没有风险

对于受让方而言，自己的风险就是付了钱得不到应得的权益，那么换句话讲，不付钱就算什么都得不到也不损失。所以把付款周期延长，是对付一切风险的最好办法。

### 2. 决策上，事情讲得越清楚，决策依据越充分，风险越小

能讲清楚的风险，并不是真正的风险，而是浮动的成本事项，算账的时候充分考虑进去，其实就算是现状转让也没有不妥。

决策的依据很大程度上依赖于测算，如果测算准确，决策也准确。大家所担心的风险，往往是测算中没有算进去的成本，所以突然增加的成本会让测算利润由正转负，狼狈不堪，讲清楚了其实就没问题了。

### 3. 架构上，风险由合作方量化包干并承担责任，配合资金支付，风险事项处理完毕之后再多退少补结算支付转让款

这种其实就是压着转让方干活，干成了分钱，干不成扣钱。就效率而言，转让方去处理风险事项，效率会更高，这也算分工的一部分。

## 第四节　收并购交易架构的设计原则与技巧

### 一、原则

收并购的核心原则是简单、明晰、不恋战，钱付掉的同时必须把权益都牢牢捏在手上。

交易方案中，尽量弱化“人”的因素，尽量规避转让方承诺、协调政府等需要人的努力去争取——争取结果并不可控的事项，尽量提升“制度”的保证，约定在现行规制文件、未来常规且保守操作下能达成的事项，并量化确认。

有些朋友喜欢秀技巧，弄些很复杂的交易架构，搞到后来连自己买地要花多少钱都算不清楚，履约的时候也是非常吃力，动用大量人

力物力效果却也一般，甚至被自己弄的协议条款绕在里面。

其实原则上，收并购最好的模式就是一手交钱一手过户，大家快速交割、按约定办事，履约也是清晰明确、没有模糊地带可以扯皮，不留尾巴。原则上，买家钱付完了，收购也就基本上结束了，和卖家再也没有任何瓜葛。

## 二、交易架构优先考虑事项

一般而言，交易架构都是要优先满足卖家的核心诉求，毕竟卖家要卖的理由其实很明确，就是那一两个点，没有核心诉求而是待价而沽的卖家可以讲 99% 都不靠谱，因为他们没有压力，变脸变得快，往往睡一觉就又是一个新想法，难谈得很。

所以交易架构的搭建，一般都是围绕卖家的核心诉求而定，该诉求往往也是转让前提。在满足卖家核心诉求的前提下，如果保证买家有盈利、且风控能过得了关，其他的事宜都是锦上添花，看谈判人的功力和当时的市场热度了。

## 三、交易架构中的重点考虑事项

### 1. 合作方的履约能力

其实交易架构，一方面是做交易流程，如何顺利付钱过户；另一方面是讲求风控，如何保证钱和标的物的安全。

所以首先看的是合作方，如果合作方的资信很好，大企业、经营情况好、老板有口碑，那么一般履约能力就会比较强，合作的时候就相对放心点，很多风控条款可以适当放宽。比如没有抵押物的股权转让预付款，小企业肯定不敢给，但如果是大企业也许就能给。

### 2. 尽职调查出现的风险

尽职调查、背景调查都是非常重要的对项目公司及其母公司的履约能力的再确认。暴露出来的每一条风险都必须严格对待，并且逐条量化拟定违约条款，直至风险敞口小于卖家的风险担保能力。

当出现卖家的风险担保能力（一般为交易未付款及额外担保物）远低于风险敞口的时候，其实就是认为交易不成立，须要调整商务条件。

### 3. 交易的可操作性

可操作性分为两块：一块是明显做不了的流程，这就是收并购人员的职业能力了，推进不下去的协议就是废纸一张；另一块就是要考虑我方对交易的控制力，如果签了协议后面就被卖家蒙着眼睛，而买家除了付钱之外对进度什么的完全不清楚，相信这场交易就离失败不远了。

### 4. 买家收益最大化原则

本书是站在买家角度写的，当然一定要确认买家收益最大化原则。一是商务条件上虽然是各算各的账，各自对收益进行确认，但是适当的进取还是必要的；二是买家收购一般都会支付溢价，而溢价无法进成本，所以要适当做税筹，这时也要求卖家进行配合。

### 5. 集团决策层规定的其他红线

这一条也很重要，毕竟每家企业都有自己的关注点，在设计交易结构的时候也不可不考虑。比如国企就有很重要的一条红线：同股同权，包括流程上要做审计评估和进产权交易所。

## 四、制订交易架构中的自我要求

### 1. 要有老板意识

切忌把公司当金主，投资人员只要站在老板角度思考问题，很多钱就不舍得花，很多风险就不愿意兜。所以很多公司有规定，有些共管资金或者保证金都要操作项目的经办人及经办区域公司的领导自己出，让操作人员自己感受到压力。

做交易架构的时候，一定要极端重视自有资金的收益能力，每笔转让款的支出都要锱铢必较，垫款是大忌讳，不要无谓地垫资，不得不垫资的时候，也要给对手以非常大的履约压力。

### 2. 风险要闭口、操作要闭环

交易架构的设立就是为了趋利避害，顺利把钱付了，把权属过户了，干干净净明明白白。

所以原则上不允许有敞口的风险，也不允许有不接地气或者似是而非的操作，把风险闭口的意义就是能量化、能讲清楚最多要损失多少资金、要耽误多少时间，并把资金和时间上的损失明确卖家是不是要承担，逐条明确违约责任。

### 3. 资金安全第一、品牌安全第一

交易条件的合理性是一定要坚持的，资金安全、品牌安全都是一定要考虑的，不合理的诉求要坚决回避，如果卖家坚持，则一定要上报决策层，由决策层决策。

### 4. 开工建设第一位

所有的交易结构都不能和项目开工建设相对抗，如果项目无法及时开工建设并销售，收并购就谈不上成功。

## 第五节　收并购测算注意点

一般来讲，收并购项目的测算比招拍挂项目会复杂一点，主要在于因为谈定的土地价格往往包含了转让方的收益要求（也称溢价），大部分转让方要求的收益都是没有发票的。

在开始讨论这一点前，必须要理解溢价是什么。溢价就是项目开发完成后的净利润在原股东和现股东之间的让渡。常规情况下，有两种方式计算项目的溢价，可能计算结果会有出入，但是原理都是一样的。一是财务口径，溢价就是股权转让对价（扣除了债权转让对价和第三方负债）和资产负债表中所有者权益的差值；二是投资口径，溢价就是双方约定的总对价减去转让方实际投入的有票成本总额，当然可以计入转让方投入（有票部分）的资本化利息，也必须扣除转让方的无票投入。如图 1–1 所示。

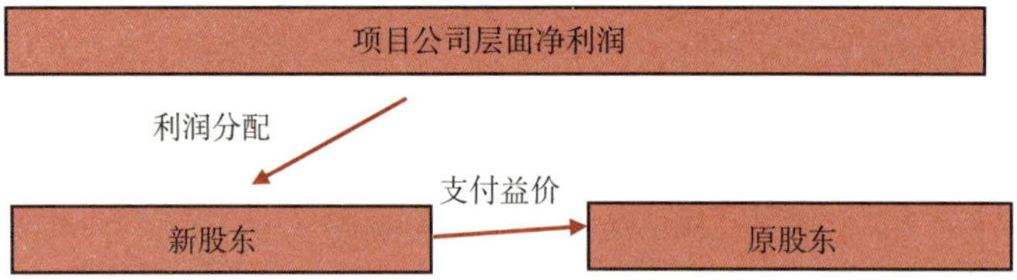


图 1–1　收购支付逻辑

### 一、项目公司层面的净利润计算

第一步一定是先计算项目公司层面可获得的净利润，因为当售价、建安成本等大数框定后，该数值仅和可入账的土地有票成本有关，相对是一个较为准确的数值。

所有的老股东、新股东的收益都来自项目公司层面的净利润，所以项目公司层面的净利润确定后，就基本上可以明确所有新老股东总共可以分得的利润。

## 二、计算溢价

因为受让方的净利润等于项目公司净利润减去溢价，溢价就是项目公司成本中的无票部分，都是需要从净利润中扣除。但是溢价又分为两块：一块是转让方的收益，另一块是项目公司支出中的无票成本，比如罚款或者土地滞纳金等。

无票的溢价越高，受让方的收益越低。

## 三、指标失灵

收并购项目中的净利润率指标经常处于失灵状态，因为传统招拍挂项目的净利润率很明确就是净利润额 / 含税总销售额，但是收并购项目的净利润率如果只是用受让方净利润额 / 含税总销售额的话，可能会有很多偏差，比如股权合作项目不同股同权出资，比如有很多回迁销售额做大销售额的。如果用内部收益率（Internal Rate of Return，IRR），又因为税收额度非常大，在后期清算税费的时候容易变号，也容易指标失灵。

所以在指标的选择中，受让方的净利润额是一个较为确定的数字。可以考虑计算股东回报率，即股东的净收益 / 股东投入（股东投入资金峰值）来计算股东投入自有资金的收益情况，进一步可以考虑年化回报。此外，可以计算股东投入产出 IRR 来判断（容易失真，不一定准确）。

## 四、可比招拍挂地价

鉴于指标失灵，所以也可以考虑将收并购的地价还原成可以比较的招拍挂地价，并与招拍挂市场价格进行对比，也符合收并购的核心逻辑：比招拍挂市场化拿地便宜。

还原的办法：以收并购项目的股东净收入为定额指标，在售价、成本不变的情况下，倒推地价可全部入账的招拍挂成交价格。

然后将该价格指标与土地的可能市场价相比较。

### 五、小结

本节讲得比较简单，核心是测算逻辑。收并购测算比招拍挂复杂的地方其实就在于溢价的计算与指标的分析。

## 第六节　收并购参与人员的自我要求

### 一、廉洁奉公

为什么讲廉洁奉公，其实很简单，参与人员除非是老板本人，不然都是经理人的角色，说白了东西不是自己的，只是代客理财而已。在这种状态下，通过损害公司利益，来和交易对手私下让渡个人利益的可能性是存在的。

损害公司利益的可能性，包括透露公司内部决策意见（包括谈判策略和收购底价），向第三方外泄资料，也包括在汇报上做手脚、利用信息不对称选择性汇报，甚至把坏的说成好的。

所以一旦参与人员有了私心，可以说交易肯定会出现大问题。参与人员必须认清自己的立场，坚持自己的职业操守，这是底线。

### 二、情报获取能力强

一场收并购项目活动，与其说是商务条件的碰撞，不如说是情报能力的比拼。

在最初的一对多竞争性洽谈过程中，受让方必须摸清楚转让方出售的真实意图，试探并确认转让方的核心诉求，尽量估算转让方可接受的底价。此时由于交易并未确认，为了利益最大化，转让方提供的信息往往虚虚实实，需要甄别，并且尽量估算转让方可接受的底线，以利决策。同时，也要了解竞争对手的进展，防止被进度领先甚至“截胡”而留下遗憾。

当达成框架协议进行一对一谈判的时候，虽然总价框定，但是因为风险的存在，其实已经变成了零和博弈，对双方的利益而言一定也是此消彼长的关系。所以，对投资人员的要求也从感性的谈判转变为理性的推理，从任何蛛丝马迹中寻找风险点，然后甄别风险的大小并予以界定和解决。

## 三、专业能力强

好的合作方案，是能讲清楚交易全过程，不留风险及履约敞口的。不好的合作方案，协议留很多尾巴，空子有很多可以钻，可能自己出了钱还被人卖了。

所谓专业能力强，就是能在拿项目前就把纠纷的可能扼杀在萌芽中，大家清清楚楚明明白白，不留尾巴，做的这个交易让相干不相干的人都能接得上，不能变成经办的人离职了就什么都不清楚了，能做到这个程度，才是最有利、最具有可操作性的交易架构。

## 四、推动能力强

对于收并购而言，一定要快，但并不是“天下武功唯快不破”这种常规说法，而是因为房地产讲究快周转，我们做收并购的一个比较核心的理由其实就是开工销售比较快。启动慢的项目可以说都不能当作重点，更何况是一旦付了钱，还启动不了的话，资金使用效率就低了。

所以，作为投资人员，对待收并购项目的态度就是，尽早洽谈、尽早签约、尽早交接和尽早进场施工，一切都要盯牢、催紧。商务条件谈得差不多了就要急着签协议，防止转让方反悔；钱付了就急着过股权和公司交接，防止意外事件。

### 五、回避居间方

如果你想把事情变复杂，那么就找居间方，因为如果和业主直接洽谈，只要解决双方利益就好，碰到有控制力的居间方，就要解决三方利益，谈判变复杂。

如果你想让自己讲不清楚，那么就找居间方。一般来讲，居间费数额不小，中间的利益非常大，就算投资人员自己没有私心，但在老板的心里永远都是打着问号。如果碰到项目不好或者遇到“大坑”，自己的名声也许就毁了。

## 第七节 地产代建的常规做法

### 一、适合的项目类型

代建是一种固定收益类项目，一般和销售额或者成本进行联动，代建方的利润取销售额或者成本的一定比例。使用方向非常广泛，作为一种固定收益类的合作方式，基本上各种类型的项目都可以使用，但最适合两类项目：一类是同一公司名下有多个项目，且根据国内的法律法规难以剥离出来；另一类是业主方心理预期非常高的项目，而且有后续税筹需求与预期，两者都可以用代建模式去试试。

当然，形式不限，有些代建的形式是持有一部分股权，也有些代建是代建方提供资金。

## 二、常规盈利方式

（1）通过收取借款利息（按占用天数）。

（2）通过收取代建、代销以及品牌费用（按销售额产生）。

（3）通过收取超过约定房价的溢价分成（按实际销售单价）。

（4）项目公司富余资金调拨。

## 三、一般操作步骤

### 1. 步骤一：商务条件洽谈

核心是对项目本身刚性资金需求的排摸，了解代建方是否需要垫资，并根据垫资的情况来决定项目的运作方向。

（1）如果业主方资金实力较强，项目是纯代建，代建方不出资，那么就收一个基本的固定收益点数就够了，毕竟只是作为乙方管理输出而已。

（2）如果业主方资金实力不强，有大额的刚性支出如土地款、工程款需要代建方垫资，那其实问题也不大，约定个高息软约束早点还钱就行。此外收益点数收得高一点，毕竟自己出钱风险提高了，有个风险溢价的问题。

（3）如果业主方心比较贪，除了刚性支出要付，还要额外向代建方要笔资金，那其实就没必要走代建，和股权收购给溢价没太大区别了，股权收购好歹还有股权拿在手上，多了一道保障。就算项目剥离困难，入一部分股权，后续开发完毕后模拟清算退出来就是。

商务条件的核心是富余资金调用权，原则上代建方在项目完成前必须把资金锁死在项目公司中，就算有富余也不能让原地主方抽调，除非项目的富余资金已经能完全覆盖项目未来的所有支出，包括工程款及融资还款等，以防抽了不还而烂尾。

### 2. 步骤二：项目公司尽调

确定项目公司是否有导致无法开发的风险因素或存在重大或有负债，并确认项目公司的评估价值以及担保价值。

尽调非常重要，对于代建项目的尽调要求往往比股权收购项目的要求高，因为代建方投入的资金是借款、品牌是软性担保，一旦出了问题，往往代建方就是最被动的兜底方，因为连股权都没在手上，出了事情连使劲的方向都找不到。

### 3. 步骤三：协议签署及项目公司交接履约

一般而言，尽调无误并签约后，项目公司的证照、印章、账户必须及时全部移交或共管，而且要求股权全部或者部分质押给代建方，以防止可能的风险。不及时交接的后果就是，业主方可以对外宣称项目已由谁谁接盘了，然后任性盖了好多好多担保章，偷偷借出不少钱，如此风险一下子就敞口了。

如果要垫资的话，那么建议尽量过户一部分股权过来作为担保，当然项目公司有现金流之后一般优先偿还代建方借款，偿还完毕后股权其实可以还掉了，但质押还是要的，如果不质押，业主方对外股权质押借钱也是对项目的一种风险。

### 4. 步骤四：代建的收钱与结束

收钱：一般有两种模式，一是以网签销售而定，即以销售额算基数；二是以回款而定，即以账户上进钱为准算基数，提款一般 1 个月或一季度提一次。

结束：一般是销售率达到 95% 以上后，结算代建费用，但是完全退出要等竣工交付后。

代建的顺利退出是很要紧的，毕竟挂了代建方的品牌，如果项目最后出了交付问题，其实伤害的也是代建方的品牌，有些代建项目为了做口碑，甚至要管到物业的成立。

## 四、风险事项

### 1. 品牌风险

这是主要风险，品牌意味着全部软兜底，出了事情，政府会来找你，购房者会来找你，就算项目公司法理上切割得干干净净也没用，毕竟无论政府、购房者甚至其他乙方，都会申诉，表示他们愿意购买房子或者提供服务都是看在代建方的商业信用上，代建方收业主方那么高的品牌费用其实也是考虑了品牌的兜底。

### 2. 资金风险

项目公司运营过程可能产生或有负债导致股权或者在建工程被查封，导致项目无法正常开发，代建方提供的垫款或借款存在无法偿还的风险。因此前期尽调很重要，如果项目公司或股东负债或对外担保较多，不建议采取带资代建模式。

### 3. 富余资金使用风险

对于项目经营过程中产生的富余资金，业主方可能会要求资金提前分配，由于业主方抽走资金后还回来的可能性较小，建议尽量不分配。若把分配当作必须的商务条件，必须优先偿还代建方借款及支付代建费用后方能分配，且只能分配项目公司预期利润部分，以防止烂尾。若是代建方担保的融资用的是代建方的信用，则必须要求代建方能调配该笔资金。

### 4. 税务风险

由于不少项目一般税额较大，若代建方提前退出，并由业主方负

责缴税，业主方有抽逃税款或避税的冲动，且后期可能无力补税，仍有追缴风险，建议尽量促其在开发过程中缴足税款

## 第八节　收并购中财务规范的重要意义

在做交易方案的时候，一般对资金支付的关注点是：①总对价如何计算及调整；②付款进度如何安排；③风险的控制如何同付款的进度相联动。

但通常情况下，交易方案是由投资部门商议确定，转让协议是由法务部门来草拟或确认，对于方案的交易逻辑会理得比较清楚，但是财务上的处理经常会有不到位的地方，重点是对于财务的“走账”“平账”，很多人并没有非常明确的概念。

### 一、两个忽视财务问题的例子

#### 1. 方案只谈总价，不分股权、债权

第一个案例很简单，一个项目双方谈定的总收购价款 1 亿元，受让方以为支付的总价是 1 亿元就能买到地，转让方以为能收到 1 亿元。结果却发现股权因为有溢价，导致转让方要缴所得税；或者是由于折价转让，转让方对项目公司的债权超过了 1 亿元，要进行债务豁免，受让方因折价受让债权得益要承担多出的所得税。

#### 2. 交易过于关注操作，而忽视账面平衡

第二个案例是，转让方转让一个项目公司的部分股权，但受让方因为对项目的风险比较重视，在股权转让的时候不愿意将款项直接支付给转让方，只愿意直接支付至项目公司的共管账户中，当然转让方

也答应了这个方式。

然后在操作的过程中发现，受让方支付的款项都是往来款，财务上最多只能完善借款合同后，界定成为股东借款。但是在财务口径上，股权受让的时候，必须也是要支付给转让方一部分股权转让款（起码按照注册资本的一定比例），否则股权的转让就变成 0 元转让，转让方是吃亏的。

为了让原理显得更清晰，我们假设一个带数字的案例。一个项目注册资本 1 亿元，股东借款 9 亿元，受让方平价收购 50% 股权，如果受让方直接把 5 亿元都汇入项目公司会出现什么情况（图 1–2）？

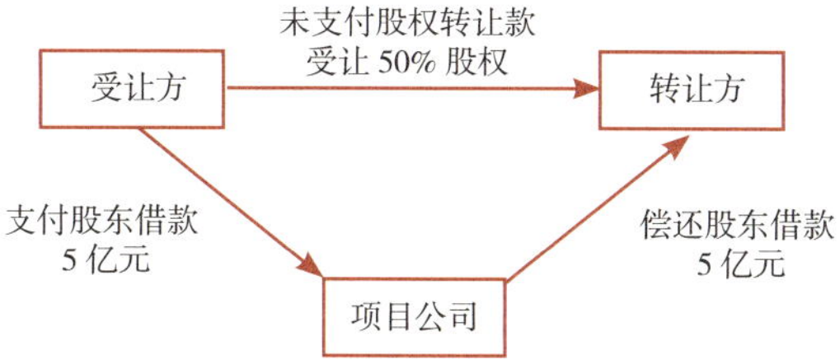


图 1–2　支付表象

虽然转让方的确拿走了 5 亿元，但是最后的状态就是受让方占股 50%，对项目公司有 5 亿元的股东借款，转让方占股 50%，对项目公司有 4 亿元的股东借款，算上占有的股本权益，受让方占有 5.5 亿元，转让方占有 4.5 亿元。虽然是最后转让方的确能拿走 5 亿元，但走账不做平，最终还是会导致转让方利益受损。

所以合理的做法是，受让方必须还是要直接支付给转让方 0.5 亿元的股权转让款以受让 50% 的股权。当然 5 亿元还是可以直接付给项目公司共管账户，但财务上可能还可以用代付的概念来做平账目，如图 1–3 所示。

实线表示实际操作，虚线表示虚拟的走账路线，协议中按照股转付款后转让方再行股东借款的方式，但是实际就是用代付来虚拟走账做平。

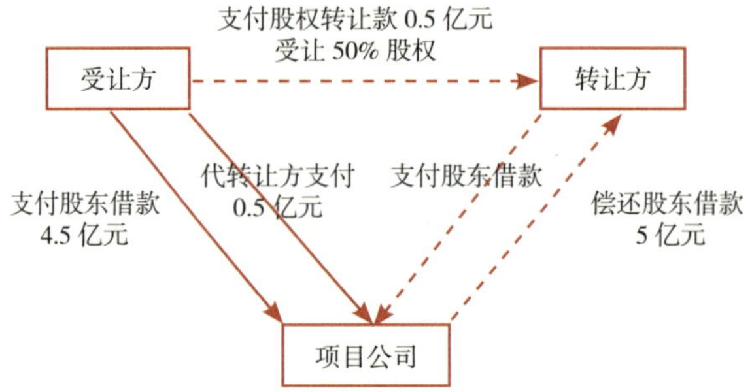

图 1–3　走账逻辑

## 二、两种常规的走账方式

### 1. 直接把转让款支付给转让方

这种走账体系中，转让方把自己对项目公司的债权卖给了受让方，导致了项目公司的负债对象发生了转移。如图 1–4 所示。

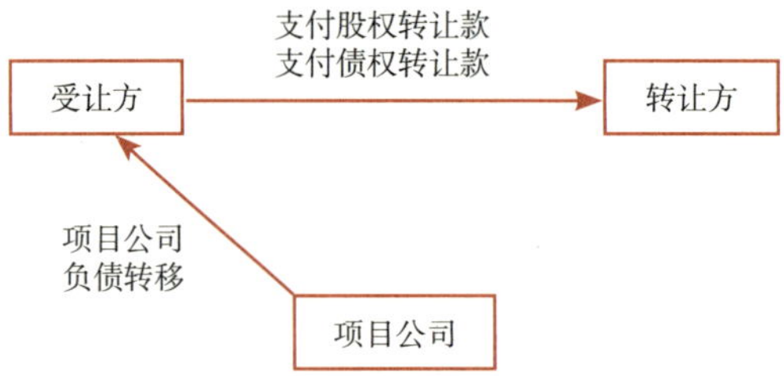

图 1–4　直接支付

### 2. 通过项目公司债务清偿方式支付给转让方

这种走账体系中，受让方向项目公司支付股权比例相对应的股东借款，项目公司有现金之后，转让方收回对项目公司的股东借款（项目公司偿还其负债）。如图 1–5 所示。

### 3. 异同

其实财务的账面平衡就是六个字，“股是股，债是债”，股有股

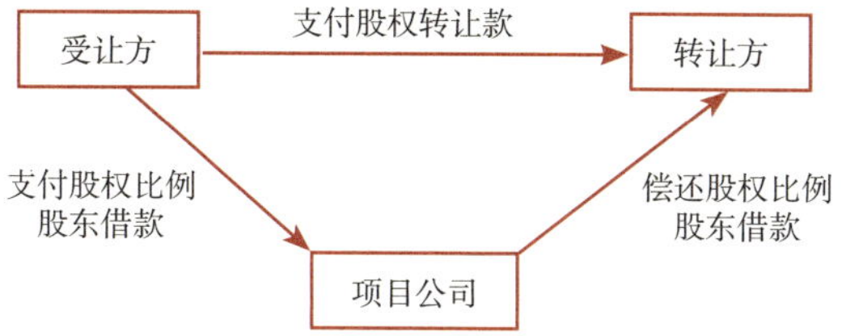


图 1-5 偿债支付

的处理方式，一般是要和协议相协调确认，属于商务条件要有认定依据；债有债的处理方式，一般有负债清单，属于转让方的债权还是第三方债务都有其处理方式。所以以上两种模式，股都是要走股权转让款，要支付给转让方才算结束，债的方式则比较灵活些。

## 三、一个复杂的案例

A 公司原 100% 控股标的公司股权，标的公司股权结构中，75% 股权已经转让给信托公司，另有 25% 股权质押给信托公司，信托公司依此提供了 6.9 亿元给 A 公司，然后 A 公司又通过银行向标的公司提供了 6.9 亿元的委贷。

问：若要收购标的公司 100% 股权，该如何解开这个结？

答：①受让方以股权转让预付款的方式付钱给 A 公司 6.9 亿元；② A 公司以股东借款方式给标的公司，标的公司把钱偿还委贷，钱回到 A 公司；③ A 公司再还钱给信托，信托还 75% 股权给 A 公司，并解掉另外 25% 股权的质押。

当然在第一步的状态下风险是敞口的，虽然有补充抵押物，但仍然提心吊胆，所以又提了 4 个风控点：

（1）A 公司股权质押担保。

（2）受让方、A 公司、信托公司的“三方协议”签署生效（信托计划解除后，股权是要从信托公司还给转让方的，这个时候就存在空档期，转让方拿到股权、受让方已预支付资金却没有控制力。所以签三方协议，约定信托拿到钱并解除信托计划后，证照章全部直接移交给受让方。且股权从信托公司还给转让方后，第一时间从转让方转给受让方）。

（3）A 公司、信托公司对于标的公司的股权回购协议、信托终止协议均已签署，支付款项后自动生效。

（4）正式转让协议也已签署，待 A 公司获得 100% 股权后自动生效。

# 第二章 勾地的理论经验

## 第一节　勾地的名词解释

当前房地产企业对于拿地方式的理解，主要分为三类：招拍挂、收并购和勾地。相对于招拍挂和收并购而言，开发商们对于勾地的理解是最为混乱的，不同的人对勾地的理解都不一样，当然共识也是有的，就是要去找政府勾兑。

但是理解是多种多样的，比如有些人觉得自己去找政府口头聊聊就算是勾地了，有些人觉得自己傍了一个有能力的合作方去一二级联动也算是勾地了，也有人觉得自己做做一级整理也能叫勾地。

不同的理解，对于勾地的阐述工作是不利的，所以需要对本书之所谓勾地是什么作一个明确的界定。

我们先看看勾地概念的起源地香港对勾地是怎么说的：这是香港在金融危机时不得已出台的一项政策，就是指土地在正式挂牌出让前，由单位或个人对感兴趣的土地向政府表明购买意向，并承诺愿意支付的土地价格。

其实本质上，勾地算是一种询价制度，政府找到托底方，按照托底方的规划指标诉求和双方约定的地价将项目挂牌，如果没有其他人愿意竞争，那么托底方就拿走了，如果有竞争，那就由市场来决定价格。

勾地是香港土地批租制度的一个衍生操作，但在大陆的演化过程中，又有了新的应用。大陆的地方政府，特别是中西部地方政府在早期发展阶段，因财政实力、城市建设水平普遍较低，所以会借助开发商的力量，一是利用开发商的资金，进行土地征拆；二是借助开发商的能力和经验，进行项目的规划策划以及开发运营。

于是问题来了，开发商劳心劳力替政府做了那么多事情，又要出资做征拆，又要尽心做方案，最后土地挂牌的时候却被其他开发商给抢走了，那还有谁会替这些地方政府干活呢。

所以勾地又有了新的内涵，就是定向出让，这也是开发商热衷勾地的前提，毕竟只有自己的努力能得到好的结果，他们才会努力做好自己城市运营商的活。

本书认为勾地的名词解释的核心点是："在对地方政府有充足的贡献下，开发商获得土地合理地价定向出让的机会。"

误区还是要消除的，就是勾地这件事，必须要和地方政府直接谈，确定开发商对政府的贡献，也确定可以设置的土地获取的门槛，最终帮助开发商以合理方式定向获取土地。当然也有不少发达地区，比如杭州、上海，都已经让勾地重回香港的询价勾地模式，愿意托底的开发商在缴纳勾地保证金之后，政府才会把土地挂出来。

需要注意的是，在本书对勾地的定义之下，与政府聊聊却不洽谈开发商对政府的贡献、不确定项目的打造目标，这种不是勾地，最多只算是了解土地信息；找一个有能力的合作伙伴，拿地后分利，其实更像是收购，因为不接触政府，而且利润的大头一定是合作伙伴拿走了；那种只做一级土地整理，不确定能不能做二级开发的，其实也不算是勾地，只能算是赚取一级开发收益。

作为开发商而言，询价勾地并没什么吸引力，可以视作招拍挂，但是定向出让是各家开发商努力勾地的最大动力。本节就是以定向出让作为主要的勾地目标，来论述勾地的意义、流派、洽谈理念、洽谈内容、各阶段分解与成果要求等方面。

## 第二节　勾地的意义和目的

拿地三大类，招拍挂、收并购和勾地，各有各的优劣势，简单而言：①招拍挂竞价拿地，虽然简单高效，但命中率很低，地价很高，而且地块一般都很小，可以讲“吃了上顿没下顿”，一旦没货了又要冲进市场高价拿地；②收并购拿地，虽然切入成本低、资金杠杆高，但有的风险很大，投后管理比较麻烦，如果尽调不充分，很容易出现影响项目开发的风险事项，导致项目无法开发，变成沉淀资产；③勾地方式拿地，能弥补招拍挂和收并购的不足，是在招拍挂主战场之外，和收并购并列的一个非常好的补充。当然也有以勾地为主要战场的企业，比如绿地、华夏、万达及其他专做小镇类大盘的企业。

勾地最主要的意义其实就是做大盘、做深耕，一个开发商在一个城市要长期良性发展，必须要有粮仓项目，而这种粮仓项目，没法在招拍挂市场中获取，也很难在收并购市场中获取，只有和政府谈妥后，以片区运营商的角色来获取。当然也会有不少小项目的定制也算勾地，开发商给地方政府作应有的贡献，促进当地的城市形象提升、经济繁荣与就业促进，地方政府以招商选商为出发点，为项目来定制相应的挂牌条件，并且在土地价格上予以优惠，使得开发商以最有利的条件做自己最擅长的事，使得城市的民生、经济都有提高，达成政府与企业的双赢。

简而言之，勾地相对于招拍挂和收并购的优势有以下五点，也是开发商做勾地的出发点。

## 一、快速开发

由于在项目的方案上已与政府充分沟通，对项目的功能、形象、开发进度等问题上都已达成一致，所以勾地项目的前期报批报建、办证施工均会较快，开工速度会快很多。

拿地 3 个月即开盘的神话只能出现在勾地项目中。

## 二、商务条件

勾地项目一般都是政府招商选商的项目，纯住宅一般是不会让开发商勾兑，而是需要市场化竞价的，既然是招商的项目，那在土地价格、付款条件上都会比常规的招拍挂项目有更大的优势，贡献越大、地价越低。

在勾地项目中一般货值和地价比值都很高，付款时间也能控制。

## 三、大盘粮仓

如果做个调研，市面上建筑面积百万平方米以上的大盘项目，绝大多数都是和地方政府洽谈的勾地项目，因为一旦达到百万体量，一般用地也要上千亩，已经达到了城市运营的层面。而城市运营商的身份，一定是政府赋予的一个职能，只能通过汇报设计方案、运营方案、包括已有大盘经验才能让政府确认是否能承担这个责任。

开发商看重的勾地，就是低成本大规模拿地。

## 四、政企双赢

勾地勾得好，其实可以作为一个长期的、可持续的企业运营模式。开发商追求利润与规模，政府要政绩和财政压力减负，二者并不违背，契合点就是开发商将之前对于政府的承诺兑现。而一旦只要承诺兑现，政企信任感建立，那么后续继续勾地的前提就成立了，企业就获得了深耕的能力，发展就进入了良性循环。

与拥有土地的最大的供应商搞好关系，就没有缺货的烦恼，好好想想如何卖得掉。

### 五、快速复制

中国的政令统一，全国各地的法律法规也基本一致，成熟的勾地模式是可以在不同的城市快速复制，只要合理合法地做成了一个项目，就可以以此作为产品系列模板，快速落地。快速复制是开发商做大规模的不二选择。

想想之前的万达广场和绿地超高层，再想想现在的恒大童世界和华夏幸福产城，就明白用勾地完成全国化布局是多么方便。

## 第三节　勾地的三大流派

勾地是开发商做大盘深耕的必由之路，也是开发商快速做大规模的捷径之一。在中国房地产发展的漫长岁月里，已经有不少开发商通过勾地脱颖而出，并形成了自身独特的风格，造就了一方流派。

本节就是对标这些标杆企业，并将流派加以归纳总结。三大流派，姑且分别称为“强 IP 类”“三四线类”“城建、产业类”。

### 一、强 IP 类

所谓强 IP，就是开发商带着引领城市升级换代的功能性的主题地产去勾地，迎合了地方政府对城市发展、产业升级及服务提升等方面的需求，所以开发商的能力与地方政府的需求有极强的契合点，从而实现双赢局面。

一般各地地方政府在做规划的时候，规划的方向基本上都是趋同的，CBD、产业区、居住区、文创区和娱乐区，每个城市基本上都会有布置。开发商只要做出符合中国国情的具有功能性的主题地产，能够高标准地填入城市的规划中，地方政府是非常欢迎的。

所以各大开发商都在研究自己的产品系列，功能性越强、越能助益地方经济的发展，则越有可能短时间内向全国各地铺开。最著名的就是当年的万达广场，18 个月高标准满铺开业，既能保证城市的经济效益，又能在地方长官的任期内见效，怪不得地方政府要排着队去寻求万达的支持。

还有绿地的超高层及高铁站综合体，恒大童世界文旅综合体，华夏幸福产城一体化，新城吾悦广场，只要运作得当，并且有前期的口碑积累，都是能在短时间内迅速完成全国化布局。可以说，这些企业的规模实现飞跃式的发展，和使用强 IP 攻城略地的战略密不可分。

但是强 IP 的战略也会有自己的问题，因为有功能性的要求，所以功能性物业的比例会很大，一般搭配住宅的比例都是小于 70% 的，30% 以上功能性的物业都会有一定的持有或者运营的要求，这就很有可能会造成现金流的亏损。

大家可能会不理解，为什么住宅配得那么多，还会亏损。

这是因为境内开发商的普遍状态都是高负债，土地捂不起，必须要尽快实现单项目自身现金流平衡，起码要把土地款赚回来，这就要求高周转低价倾销。除非市场快速上涨，否则住宅上面很难赚钱，最多走个现金流量。而勾地所承诺的功能性物业一般不好卖或者根本就不让卖，所以就变成资产沉淀了下来，并且挤占了开发商的现金流。

强 IP 流派的核心模式，就是万达之前说的“现金流滚资产”，本质上是使用住宅的现金流去养活功能性物业的部分，以住养商。

当然，一旦出现住宅部分利润不高，以及商办物业变现困难，开发商有较大概率会碰到现金流问题，这也是在使用强 IP 模式时候必须要提前考虑的。

## 二、三四线类

其实有些时候，并不一定需要用产业去勾地，特别是在地方政府土地卖不掉的时候。

所谓三四线的勾地流派，典型的代表就是碧桂园和恒大，在2014年、2015年三四线城市市场极差，土地卖不掉的时候，碧桂园和恒大化身“白衣骑士”，下沉到各三四线城市大规模圈地，而且只做纯住宅。

平心而论，产业勾地是一个伪命题，产业配住宅的模式，对于开发商而言，产业是重资产，很难在短期内见到效益，只能通过住宅的销售来平衡风险，只有两者搭配才能勉强为之。但万一碰到市场下行，连住宅都销售困难的时候，那的确没必要去产业勾地，要做就做纯住宅。

当然地方政府愿意让开发商勾纯住宅，有几个限定条件：一是住宅并不是香饽饽，能接受的开发商比较有限；二是政府要有财政上的压力；三是政府对企业的品牌必须认可，毕竟小开发商容易烂尾，辛辛苦苦帮着开发商勾地，一不小心还烂尾，还不如不做。

国内的市场有个共性规律，要么一下子热翻天，一二三四五线城市一起热，要么就万里雪飘，所不同的是一二线是下雪，三四五线是彻底冰封。在三四五线冰封的时候，品牌企业所到之处所向披靡，只要政府认为企业的到来能烘热区域，甚至整个城市的楼市，能带来先进的理念、提升整个城市的品位，那一定是绿灯开到底，方便行到底。土地款付款？好说；办证？好说；银行贷款？帮助协调。完全是特权模式。

当然在市场不好的时候去三四五线城市是要有勇气的，核心就是利用自身建筑成本、融资成本的控制能力，以及品牌溢价在三四线蓝海中赚辛苦钱。

这种复制也很快，只要有成熟的产品系列，就能大规模复制，在各地城市中快速复制布局。

当然三四线流派的勾地大法，是有很大的限制，就是一旦市场起来了，政府就不需要了，出门右拐就是竞价市场。

## 三、城建、产业类

这一类流派历史最为悠久，简而言之就是以项目换土地。

很久以前，当地方政府没有城投公司，也没有地方债，其实都很缺钱，但是不缺土地。地方政府想修一个体育场，发现没有钱，想修一条路，也没有钱，于是就会找一家开发商，只要帮忙修体育场、修路，就给一块地。

后来政府逐渐有钱了，但是在功能性项目的具体策划方案中，还是会加入资金平衡地块的概念。也就是政府默认了这种说法：造功能性项目的确没有钱，但是卖了地就能把项目的钱给赚出来，但它不一定自信卖项目赚的钱是不是真的能覆盖功能性项目的成本。

此时，如果一家开发商跑过来和政府说，功能性项目和资金平衡地块打包给它，不用政府掏一分钱就能干起来，政府十有八九就同意了。除非有很多开发商都去找政府，然后政府会觉得地配多了，会考虑重新平衡。

这种模式的核心，就是以土地换项目，实现目标区域财政平衡（至少财政不补贴）。

现在的发展其实就是做PPP，穿件“PPP”的衣服，功能性项目和经营性用地打包，政府甚至连一级开发整理的钱都省了。

当然，和三四线城市一样，一旦地好卖了，政府就又开始想自己卖地，然后用自己的平台公司造。或者提高要求，比如也不要直接补贴了，改用一些产业基金的方式来配合开发商。

## 第四节 勾地的三大途径

中国的土地制度是土地所有权归国有、归集体，招拍挂出让的是国有建设用地的使用权，所以也可以讲地方政府是土地的业主方，所谓勾地，最终也是向业主方去买土地的使用权罢了。勾地的洽谈对象，一定是政府，所有的努力，都是以和政府恰如其分地沟通，使其认可勾地方的贡献与条件为出发点。

勾地，如果接触不到政府，只是居间方，其实就是二手买卖，等于是居间方把地勾下来再转出来。

按照与政府的接触层级以及努力的方向来分类，勾地可以分为三大途径，即“自上而下”“自下而上”“上下结合”。“上”指的是高级别政府机构，“下”指的是低级别政府机构。

### 一、自上而下

“自上而下”指的是从省市重大项目切入，做省市主要领导关心的、能够产生重大经济民生作用的焦点项目。

一般如果勾地企业自身实力够硬或者某一方面特别优秀，省市主要领导从招商的角度都会推荐一些自己关注的项目。这种项目的优点特别明显，就是落地快，毕竟是对城市是发展动力，对政府领导是政绩。同时商务条件也比较容易洽谈，未来开发能够得到的支持也会多，政府会全力保驾护航让项目尽快出建筑形象、出社会效益。

但是这种项目也会有一定的难处，毕竟是政府指定，一般而言会有大体量的功能性业态（毕竟政府的支持是有代价的），未来的资产沉淀会相对比较重，可售部分的利润难以覆盖功能性业态的成本，现金流会有较大压力，一般的以住宅为导向的开发商会知难而退。也有可能会碰到政府只是初步设想，土地规划需要调整、需要进行土地拆迁等问题。

## 二、自下而上

“自下而上”指的是从地方招商部门切入，自己挑选合适的项目，拟订勾地计划，并从区、市两级层层上报。

自下而上的好处是企业有选择权，可以规避算不过账的项目。而且也不必协调省市领导，下级政府也会当作自己招商引资的政绩往上汇报寻求支持，企业和下级政府一起努力把项目做成。这也是比较常规的一种勾地方法，为现在大部分企业所采用。

这种方式的缺点也很明显，周期很长，因为要层层汇报，而且汇报链条越长项目也越容易夭折，毕竟要让汇报链条上的所有人都满意还是很困难的。而且因为汇报次数太多，就如同游戏“拷贝不走样”一般，谈到最后，还能不能保持勾地的初衷也是未知数。

可能做到后来，就从勾地变成了招拍挂托底。

## 三、上下结合

“上下结合”指的是从地方招商部门切入，自己挑选合适的项目，拟订勾地计划，然后跳过原有的汇报路径，直接寻求省市领导支持。

这种方式的好处是综合“自上而下”和“自下而上”的所有优点，又能自己把控项目的选择，又可以寻求省市领导的支持从而加快推动项目。

但缺点也很明显，因为这是最难的。因为要寻求省市领导的直接支持，而且是领导们计划外的项目，要取得他们的认可是最大的难题。一般而言，都是用非常强的 IP 和企业实力才能做到这一点。

## 第五节 勾地的洽谈思路和技巧

勾地，在明确了自身的定位之后，就可以出去洽谈了。洽谈分两块，一块是思路，一块是技巧。

### 一、洽谈思路

勾地洽谈的思路其实比较简单，就是“等价交换”。要想清楚开发商做多少贡献，政府才会考虑在土地正常的市场价之外做些优惠。

毕竟无论在一二三四五线城市，纯住宅用地的变现能力堪比黄金，又好卖又能卖出高价。政府把纯住宅用地便宜给开发商，损失的是一大块卖地利润，它把土地利润让给了企业，自然会要求企业承担一大块责任来做补偿。

#### 1. 能产生社会效益的项目

比如政府不想涉足的高星级酒店、大型商业体、游乐场，或者需要强运营能力的高端医院、国际学校，政府才会愿意补一块住宅用地，用于补贴开发商的经营亏损，同时通过住宅的现金流来补贴项目开发建设期的资金缺口。

#### 2. 能产生经济效益的项目

就是产业类项目。这个核心思路就是，引入产业能带来税收和就业，住宅用地上让出的利润损失，政府都可以从未来的税收中赚回来。

#### 3. 新城拓荒类项目

比如政府要在离老城 10 公里以外的地方造一个大型新城区，基本上很难有居民愿意去买房，这个时候除了政府自己努力做规划做配套之外，亏本把地卖给开发商，由开发商负责运作炒热那片区域（包括建设高品质住宅小区、依靠自身影响力、号召力进行宣传、引入高量级生活配套等）。亏本卖地对政府来讲肯定有损失，但是一旦区域炒热了，一是城市建设可以提速，完成城市化的要求；二是虽然前面的土地出让不赚钱甚至要亏损，但区域成熟后政府未来也可以从后期土地的卖地收益中进行平衡。

### 4. 满足政府的政绩需求

比如政府每年有外资引入的考核，以前还有引入500强企业数量的考核，为了满足这些考核要求，政府会考虑让利卖地，让开发商来协助其完成这些要求。

## 二、洽谈技巧

首先要想想谈判是什么？

大家心目中的谈判普遍都是影视剧里的场景，西装革履地在干干净净的大桌子上唇枪舌剑，场外再弄点小动作，几个来回之后，双方达成交易。

但实际上呢？谈判远比影视剧中演绎的复杂得多，可以讲，谈判是一系列标准动作的总和，其中包括标的情报的分析、双方共识的建立、商务条件的洽谈等，缺一不可。

### 1. 情报的分析

兵马未动，情报先行。对于勾地而言，勾地方首先得知道：①地方政府重点想做的城市建设内容，只有政府想做的事情才能得到政府的大力支持；②自己手里有什么可以匹配的资源；③拿到规划局最新的规划后，还要评估自己的项目落在哪里比较合适；④想好找对人，找可以拍板的人，也找可以引荐的人。

### 2. 洽谈的准备材料

对于陌生的政府，必须事先准备好一套企业和项目的介绍，制作一本企业宣传册还是比较重要的，这其实也是有点像售楼处的销售说辞和楼书，把自己企业推荐出去非常重要。

### 3. 共识的建立

拜访政府的方式有很多种，靠友好企业引荐，靠招商局带路，甚至可以发函表明来意，政府现在对招商这块都非常重视，一般都会第一时间安排。

一般而言，勾地进程中的第一次拜访洽谈只会是务虚，讲企业文化、讲企业发展理念，讲政府的发展要求，也聊聊政治经济局势，一般不会详谈土地的商务条件。就跟谈恋爱一样，只谈感觉和感情，不会那么快讲物质上的要求，上来就谈价钱，给人的感觉不好。

但是政府一般也会根据它对企业能力的判断，推荐手里待启动的项目，并提出要求，然后就是“去做个方案吧”。

如果勾地企业执意要政府对项目进行报价，一般政府会打个哈哈，例如：“周边刚刚拍了一块地，价格是多少多少，你们参考下。”

这个阶段，除非勾地企业是政府请进门的企业，或者是像华为这样的大咖，不然政府对企业肯定是有保留的。

在这个阶段而言，达成对意向项目的共识，包括开发理念和运营理念，这也是后续开展进一步工作的基础。

### 4. 商务条件洽谈

政府满意了企业的开发理念之后，意味着双方达成了共识，就可以进入商务条件的正式洽谈轨道中。

商务条件洽谈的具体内容后续文章将进一步展开，但是商务条件的洽谈，还是以自身算得过来账为前提条件，然后也要时刻考虑政府的感受，合理合法合规是第一位，功能性建筑（载体）标准高、进度快、形象好是第二位，产业资源的导入承诺（内容）是第三位，政府往往也是从这些方面考虑与企业的合作。

要紧紧抓牢政府对项目的核心诉求。对政府来讲，在政府的核心诉求上花 1 块钱，能让政府产生 2 块钱的满足感，如果在非核心诉求上花 1 块钱，政府可能只有 0.5 块钱的满足感，谈判的功效就大打折扣。

所以好的谈判者，能理解政府的心态、了解政府最迫切的需求，并且最大化地宣传自身的能力，以及自己相对其他开发商的不可替代性，让政府上下对做成做好项目深信不疑。在此基础上，才能容易谈到好的条件。

## 第六节　勾地洽谈的主要内容

勾地谈什么？其实有一种很好理解的方式，就是按照框架协议里的内容来谈，能保证洽谈完毕后就能直接签订框架协议。有框架协议文本做洽谈的参考，谈起来会很有章法。

常规来讲，一旦明确了具体地块，洽谈的主要内容包括了规划指标、商务条件、供地时序和优惠政策，以及非常重要的护牌条件。

### 一、设置条件

试想一下，辛辛苦苦与政府勾兑了很久的项目，倾注了大量的心血以及人力物力，最后在招拍挂阶段被其他人拍走，是不是很受挫？

所以，勾地的成败就在于设置条件，可以不排他，但一定要设置门槛，起码防止无序的竞价。这一点从一开始到最后都必须非常坚持，就算政府不愉快也要坚持，设不了条件意味着勾地的活可能会白干。

设置条件分为前置竞买条件及后置建设要求两类。

（1）前置竞买条件即竞买人报名资格，未达到资格或未提供相关材料无法报名，专门为开发商量身定制，是最强的排他手段。

很多人会问设些什么条件合适，其实浙江省早有答案，只不过是一份“前置竞买条件”的禁止清单，非常全面，但很多其他城市并没有禁绝，仍可以参考。

2016年浙江省人民政府办公厅发布《关于加强土地出让管理的通知》，宣布土地出让“六条禁令”。即：市、县政府不得违规在土地出让公告及相关出让文件中为特定竞买人设定六类前置条件。违反规定的要撤销公告，限期整改，追究有关单位和人员责任。

这些前置条件为：一是要求竞买人必须具备已建成项目达到一定数量的营业额、纳税额、产值等经营业绩；二是要求竞买人必须具备已建成项目达到特定规模或标准的营业规模(面积)、建筑规模、建筑高度等建筑业绩；三是要求竞买人必须在行业协会、媒体公布的行业排名中达到名次，或提供特定品牌、特定企业愿意入驻的意向书(承诺书)等相关证明文件；四是要求竞买人必须具有特定资质条件或提供乡镇(街道)、开发区(园区、产业集聚区)、行业主管部门等的相关准入证明文件；五是要求竞买人必须是上市公司、国有企业或本市、县(市、区)企业；六是其他具有影响公平、公正竞争的限制条件。

（2）后置建设要求即约定了项目本身的建设内容，增加了开发难度，本身不具有显著的排他性，属于伤敌一千自损八百。比如要求做多少酒店商业、约定自持比例、约定最小分割面积等。

## 二、约定规划指标

开发商去拜访政府洽谈地块，汇报方案是一个很好的理由，通过方案把政府的需求和企业的情怀融入在一起，也是维系政企之间关系的一条纽带。

但是别忘了汇报方案也是表达企业诉求的一种途径，企业的诉求是什么？①容积率；②商住比；③启动区范围。

当然，汇报方案只是开发商的一块敲门砖，不可恋战，不可与政府在方案上纠结很久，要么迅速互相妥协达成一致，要么直接放弃换个方向——因为政府的惯常做法就是，土地不想给你的时候也不会明确拒绝你，只会说你的方案不够好。

## 三、商务条件

想想勾地的初心，费时费力，不就是期望地块大一点、地价低一点、报批快一点和利润高一点，不然招拍挂的土地完全能满足你的要求。

所以就跟着初心去和政府谈商务条件吧。

（1）规划范围大，尽量把项目做大，就算前两年能供的地只有几十亩，也要往大了去规划，无论在政府心目中还是实际作用上，肯定做大比做小更好，1 万亩不嫌少。

（2）地价要低一点，如果地价高于市场价，何苦去勾地呢，所以地价是一个很敏感的商务条件，建议在协议里明确，对于大盘项目，可以约定分批出让的土地价格先低后高，但是必须每期都低于市场价。

（3）付款条件好，一次拿地、分期付款加分块办证，是前几年各大型开发商做活大盘项目的不二法门，也是勾地洽谈的一个重要的商务条件。

## 四、供地时序

一定要明确首批土地何时可以挂牌，落袋为安。

（1）一定要非常重视首批土地的供地时间，若预期挂牌时间在一年以上，建议不作为当前阶段重点工作。

（2）一定要非常重视首批土地的住宅比例，争取在与政府的蜜月期内将尽可能多的住宅放在首批供应。

### 五、优惠政策

政策享受、产业奖励、配套费减免、绿色通道等，一般都是尽量争取，有最好，没有也没办法。

## 第七节 勾地洽谈的各个阶段

从全周期来看，勾地可以分为四个阶段：①项目信息获取及选址；②项目洽谈；③土地上市流程；④土地挂牌获取。

### 一、项目信息获取及选址

首先就是要做好信息获取工作，信息源于两块：一是区域公司通过维护地方政府关系，获得来自规划局、国土局、各开发区管委会等机构的项目信息；二是集团高层通过圈层、人脉获得的项目信息。通过这两类信息，寻找适合自己公司的项目，找到切入点和突破点。

其次就是做好选址工作，因为信息只是口头的，往往没有依据，选项目一般都要从大控规图上进行选址，选择意向用地。只有在控规图上进行了确认，才标志着选址完成。

这一阶段的成果要求是：明确项目选址，了解政府诉求。

当然也会有更高的要求：进行项目初勘，匹配资源储备。

### 二、项目洽谈

如何洽谈前文讲了很多，简而言之，虽然谈的是政府需求、是规划方案，是情怀，但是焦点却一定是放在地价、供地、设置条件上面，不能因为不敢或不好意思而不谈清楚。

当然为了加快进度，可以在达成初步意向之后，就将合作方案甚至框架协议抛给政府，没有谈清楚的地方可留白，但是双方的诉求都有了能够落笔的载体。

这一阶段的成果要求是：明确合作意向、明确规划指标、签订合作框架协议（与政府）。

当然也会有更高的要求：合作框架协议中具有具体的商务条件，特别是地价。

## 三、土地上市流程

勾地的项目谈好了，也不一定能马上挂牌，这是因为勾的地很有可能还是毛地，需要拆迁、农转用、调整控规等，把土地熟化也需要时间。就算土地已经是净地了而且已经有了建设用地指标，政府内部走各项流程也起码要 1 ~ 2 个月的时间（申请规划指标、定界、收储、确权、评估地价及出供地方案等）。

土地上市前的各项流程往往是被人忽视的，但很多项目签了协议却做不下去也恰恰卡在这里，所有的事情都有可能会让项目流失，所以对土地的熟化出让要非常重视。

这一阶段的成果要求是：按照协议约定的规划指标及商务条件完成土地挂牌。

当然也会有更高的要求：设置条件。

## 四、土地挂牌获取

守门是非常难的，做过勾地的人都知道，从土地挂牌的那一天起，到土地确认成交前都是战战兢兢的，生怕意外。

因为设的条件如果不强，很有可能会有人来竞争，产生无序的竞价，政府基于招商考虑，不会逾越红线，就算设的条件是强排他，但和招拍挂公平公正公开的原则相违背，同行一个举报就得撤牌。

这一阶段的成果要求是：获取土地。

当然也会有更高的要求：按照约定价格获取土地。

## 第八节 现金流滚资产战略

因为勾地项目基本上都涉及功能性的需要持有的业态，所以理解并使用好现金流滚资产非常重要。

所谓现金流，其实就是住宅、公寓类好卖的物业销售产生的现金积累；所谓资产，就是商业、办公等相对难卖的物业，因销售困难而不断消耗企业现金；现金流滚资产，就是用好卖物业产生的现金流来支持相对难卖物业的开发。当然，难卖并不一定是卖不掉，只是销售周期会比较长，或者如自持商业变现能力相对比较弱，经营好之后或租赁、或融资、或整售，还是能换回现金流的。

现金流滚资产，本质上就是快现金流培养慢现金流，快现金流快速积累集团的储备资金并快速扩张；慢现金流增厚集团的资产规模并缓慢释放现金流，整体算账盈利，难卖物业的资金需求可以由项目自平衡。

还记得现金流滚资产这个概念最早提出来的企业是万达。先看看万达的业绩，2009 年其业内排名在 20 名之外，2010 年冲到第 7 名，2013 年冲到第 3 名。

万达靠万达广场到处攻城略地，仅 2012 年就开业 18 个万达广场和 12 个五星级酒店，都是靠搭配的住宅培育。快速复制，快速落地，快速出销售额，又快速开业。

再之后靠现金流滚资产快速做大的是新城。2014 年新城在业内的排名是 25 名，也是 20 名之外，2014 年年底上海青浦吾悦广场开业之后，开始冲刺商业勾地战略，2017 年冲到第 13 名，2019 年冲到第 8 名。虽然新城也不仅仅在发力商业，但是在排名日趋“板结”的情况下还有那么高效的冲刺，现金流滚资产战略助力还是很大的。

再讲下如何做好现金流滚资产。

答案很简单，操作很艰难：一直拿地，不断拿地，用第一个项目产生的现金流去付后面项目的土地款，用后面项目产生的现金流返回来填前面项目自持部分产生的现金流沉淀缺口，一旦前面项目的资产开发完成之后，尽可能将资产销售或通过经营提升估值后再融资。

当然问题也不小，现金流是蜜糖也是毒药，现金流滚资产战略最大的问题就是资产端，资产往往是现金流窟窿，项目本身的现金流集团要抽调、资产的开发也需要占用现金流，为了填这些窟窿，必须不断拿地，而且要扩大拿地，用后面项目的现金流来补前面项目的窟窿，锅比较多、锅盖比较少，一直处于一种“紧平衡”状态，就看经营上如何腾挪。最终沉淀下来的资产通过资本运作来实现合理变现，变现后将之前开发遗留的现金流窟窿也就填上了。

万达一旦不拿地，就只能越做越小，靠自身的能力去填资产的窟窿，力不从心，不现实。一旦走上了现金流滚资产的道路，就建议不要停下来，停下来的代价会很大，链条还是要一直转动下去。

# 第三章 收并购及勾地技巧

## 第一节　对居间方表示能协调底价拿地的应对技巧

在日常的投拓工作中，往往会碰到一些居间方，表示自己有政府资源，能强力锁定土地，保证开发商能底价拿地。

惯常的应对办法其实就是无视之，因为按照通常情况，十个居间方里起码有九个是在吹牛，这种就是传说中的“包生儿子”，生得出给钱，生不出不要钱。对于居间方而言，运气好碰到市场下行底价，拿了地就能捞一笔，拍上去了地没拿到反正也没损失。

但搞不好万一真的碰上了十里挑一的靠谱居间方怎么办？而且很多这种居间方都是领导推荐的，或者也是城市里的有头有脸人物，也不能粗暴对待之，要讲道理。

本节就是讲讲可行的应对办法。

## 一、背景调查

### 1. 所在城市有无案例

照居间方的讲法，那一定是能做到劝退和底价拿地的，如果这个居间方能做，那这个城市一定也有其他居间方在做，关系没有硬不硬的问题，而是有没有开过口子，有了口子大家才有路子做。

看看近几年所在城市有没有底价拿地的案例，如果连那种产业勾地的项目都被抢了，那居间方大概率就是在吹牛；如果连纯住宅都被运作成功以大幅低于市场价的底价获取，那可以有一定的信任感，至少有人操作过，可以试试看。

### 2. 居间方二级市场护牌的依据

居间方如果能拿得出来他和政府之间交流的依据，如协议、会议纪要、各种红头文件，政府如何承认它对目标地块的贡献、承诺对它的补偿，那还是有点谱的，不少北方和中西部城市政府的承诺都是有兑现的可能性。

## 二、洽谈技巧

### 1. 居间方自己先找钱摘牌，然后收购方再溢价收购

居间方既然信誓旦旦表示自己能锁定地价并要求溢价，其实等同于他先摘牌，然后收购方溢价收购。既然如此，居间方可以自己找钱去摘牌，后面再转让。如果它愿意这么做，收购方可以前面放一部分共管资金（表示在居间方拿完地后一定会收购的诚意），后面承担拿地保证金的利息。

这种运作是最稳妥的，收购就是把居间方当作转让方，确权了再收，

不确权就不收。

### 2. 制订对赌机制

居间方在制订游戏规则的时候，往往会说，多少地价以内是收多少费用，多少地价以上不要钱。但是这种游戏规则对收购方并无好处，只有责任没有权益。其实公平点，就是对赌，多少地价以内收购方给居间方多少费用，多少地价以上居间方赔收购方多少费用，因为地价超了要么是居间方锁价能力不够、政府把价格调上去了，要么是因为竞争被拍上去了。

如果有了对赌机制，居间方就一定不敢胡乱吹牛，毕竟对赌可能要输钱的。

### 3. 联合工作机制

有时候居间方只是做到一个牵线作用，很可能不是因为居间方的原因才谈成合作，而是因为政府对开发商的欣赏，那居间方的存在就是多此一举了，反而拿走原属于开发商品牌溢价的利润。所以也可以引入联合工作机制，做到最后，看看居间方是否还有控制力，如果有，就认可居间方的能力；如果没有，其实就当给居间方信息服务费和日常工作发点奖金就好了。

看居间方的贡献给钱是最好的办法。

## 第二节 万亩大盘如何拿地及运作

郊区大盘如何运作，一直是投资人员非常关心的问题，本节从拿地及开发两个角度进行探讨。

## 一、拿地

### 1. 拿地指标

做万亩大盘最困难的地方就是获取建设用地指标。一个三四线城市一年也就三四千亩的新增用地指标，就算是二线城市也就万亩左右，而这些指标又要覆盖政府急需的基建项目，又要满足政府招商引资的工业项目，留给经营性开发用地的指标并不多，就算政府对开发商的万亩级别大项目再倾心，一年给个几百亩也就到头了。所勾的万亩项目，如果都需要建设用地指标，满打满算，得出让个好几十年才能完成。当然也会有人问，现在三四线城市供应都在放量，指标似乎不是问题，但其实大部分都是城市里拆迁拆出来的存量建设用地，不挤占新增用地指标，如果是万亩项目，都是在郊区，大部分用地都是要通过农转用而来。

万亩项目之前有个捷径，就是走填海路线，比如恒大海上威尼斯、恒大海花岛，这种只要有海域使用权证（建设用海），就能逐渐转为建设用地，基本上就不占用指标，当然现在政策也在不断收紧，批复也越来越难。

此外就是田园综合体，但这种所谓万亩大盘，其中一半以上的用地都是租赁流转的农田，配一部分的宅基地原拆原建，做集体建设用地的买卖，国有建设用地也可能会配上，但不会太多，几百亩左右。但这种项目的盈利性相对比较差，毕竟一是区位偏远，二是能卖的东西并不多。

### 2. 拿地节奏

指标的问题是很难，但万一解决了呢。比如说，现在政府告知，有一万亩的净地可以马上出让，不存在指标、拆迁等问题，你准备怎么做拿地方案的策划？

很多人会觉得一开始只拿500亩，后面等卖得好了，用前面赚的钱滚动来拿后面的地。但是问题来了，房子卖得好了，有利润了，其实就意味着土地升值了。地方政府会很谨慎地思考一个问题：土地升值后还要按照原价卖给你吗？也不是政府出尔反尔，而是政府集体决策，不可能有人去扛国有资产流失的帽子，最后的结果，一般就是涨价，要么涨价卖你，要么涨价卖给别人。

所以正确的做法，其实就是首期尽可能多拿点，直接拿2 000 ~ 3 000亩不嫌多，剩余的土地也要尽快拿掉。做大盘本来就是要考虑土地的升值，升值既是收益也是风险，拿下的土地享受的是土地升值的收益，没有拿下的土地增加的是后期拿地成本上涨的风险。

### 3. 商住比

政府给开发商做大盘都是有理由的，说白了就是等价交换，开发商给政府实实在在的贡献，政府给开发商大片土地的开发经营权。这些贡献对企业而言都是负担，而且政府一定是非常希望开发商在首期的项目中就把这些负担扛走。

万亩大盘的规划一般都是可以由企业和政府协商确认，所以一定要好好设计如何分期，以及每期土地的商住比。笔者就曾看到过设计部为了效果把所有的产业都集中在一个小区域内，并美其名曰CBD，然后其他的区域都是没有产业搭配的裸奔的纯住宅，这种是非常不可取的。因为政府一定会要求集中产业的CBD区域要在第一期拿地或第二期拿地时就拿完，毕竟这是双方合作的理由。但对企业而言，后续的土地都是纯住宅，万一CBD运营得较好导致区域成熟度提高，进而导致地价暴涨，政府控制不住地价，企业拿不到后面的地如何处置？所以后来只能让设计部把所有的CBD商办体量打散在所有的万亩区域中，安个名字叫产城融合。后来那个项目的确出现了地价和房价的暴涨，开发商也只拿到了前两期的土地，产业比例30%也相对合理，后面的土地后来也没拿到，但是起码多出来的产业部分也不用开发商承担了。

## 二、开发

### 1. 客户来源

一般来讲，万亩大盘的总开发建筑面积一般都是在千万平方米、10万套房以上，这种体量一般三四线城市是无法支撑的，必须要有一二线核心城市的导流逻辑和导流机制。想好客户来源，是做大盘的第一步，如果没有人来买房，大盘一般是做不起来的。还记得之前看过一个黄山的万亩大盘的运作，当年那家开发商也是根据传闻中的黄山国际旅游中心的定位拿的地，但是梦碎之后发现，虽然土地很便宜，才5万元/亩，自己也做得很努力，高尔夫球场、皇冠假日酒店都做起来了，但还是没人去，也就周边县市冲着项目高大上的定位和便宜的价格会有一定的需求，核心城市的居民根本看不上这里。

### 2. 理念

万亩大盘最怕"作死"在首期，一旦"作死"，后面要翻身是非常难的。比如合生的京津新城，前期一度"作死"，就算碰到环京大牛市也是卖得不温不火。

说白了，万亩大盘就是不要怕花钱，本身做万亩大盘就是承担了一部分政府的职责，本质上赚的是土地升值的钱，所以投钱做配套与景观是必须的。什么叫大盘，就是大开大合，小规模慢慢做难以吸引人气，很容易就把自己给"作死"了。

2015年绿地做上海崇明岛北的绿地长岛项目时，几百台挖机同时开工，算上土地款的资金峰值最高达到100多亿元。如果没有海量的资金投入，就没有配套及景观效果的及时呈现。所谓郊区万亩大盘，其实就是凭空造城，你什么都没有，甚至也没有政府规划的背书，购房者凭什么相信你？只有配套起来了，才有说服力。2016年下半年开始，绿地长岛进入了回报期，月均销售1 000 ~ 2 000套。

### 3. 销售

作为大盘项目而言，因为盘子太大，当期销售组团的利润反而是不重要的，重要的是现金流，只要项目运转得下去，随着配套的完善和人气的提高，利润自然而然就出来了。

销售更多的是为了土地的升值，越来越多的人进来，关注度提高，口口相传的口碑升温，让项目良性运作下去。

所以，要高度重视首期的开盘，一定要做爆款，甚至不惜亏本做销售，只有炒热了整个区域，才能博眼球，做好后期的续销工作。如果因为价格的因素，首开失败了，后续要捡起来是非常困难的。

万亩大盘一般都属于城市的偏远郊区，前期销售的任务其实就是圈人，把人圈进来是第一位的。万亩大盘和利润真的关系不大了，说实话你是在造城，只要有人来，什么都好说，房价不强求，烂尾才麻烦。

当然做热区域也有其他的办法，就是卖几块地给其他的大型开发商，一起来做这个区域。比如一个区域里有万科、恒大一起帮你宣传，这个区域想不热都难，多几个人讲故事比自己一个人讲故事能让购房人信服得多。而且很可能他们拿的地比你的贵很多，毕竟你做的拓荒，也算是土地价值的显化，享受了土地升值的红利。

## 三、案例

中海济南华山项目一直以来都是济南乃至全国的明星项目，4 000亩净用地的超级大盘，5年来总销售额近400亿元。下文复盘一下这个项目是如何运作成功的。

## 1. 项目结果

（1）效果图（规划效果）

如图 3-1 所示。

图 3-1　中海济南华山项目效果图

（2）卫星图（实现度）

如图 3-2 所示。

图 3-2　中海济南华山项目卫星图

（3）销售业绩（网签口径）

如表 3–1 所示。

**表 3–1 中海济南华山项目销售业绩**

| 年份 | 成交面积（万平方米） | 成交套数（套） | 成交均价（元/平方米） | 套均价（万元/套） | 成交金额（亿元） |
|---|---|---|---|---|---|
| 2014 | 29.83 | 2805 | 6741 | 72 | 20.11 |
| 2015 | 75.09 | 7015 | 7192 | 77 | 54.00 |
| 2016 | 45.45 | 4284 | 8141 | 86 | 37.01 |
| 2017 | 75.65 | 6873 | 11 411 | 126 | 86.33 |
| 2018 | 70.15 | 6062 | 13 561 | 157 | 95.14 |
| 2019 | 60.04 | 5301 | 14 839 | 168 | 89.10 |
| 合计 | 356 | 32 340 | | | 382 |

## 2. 如何拿地

中海华山的土地又大又便宜，还是以纯住宅为主，是各家开发商都梦寐以求的拿地标准。

但是拿这种地，必须要天时地利人和，而且还要讲决心。

（1）天时

2010 年 12 月 9 日，济南市棚户区改造工作领导小组发布文件《关于进一步规范棚户区改造中经营性用地土地熟化和挂牌出让工作的通知》（济旧改发〔2010〕5 号），讲了熟化人资格的事情，就是项目在毛地阶段就可以征集熟化人，然后投入资金拆迁，后期未参与土地熟化投资的申请人是不具备报名资格的，确保了熟化人摘牌的唯一性。

（2）地利

2013—2014 年刚好是济南房地产市场低潮期，很多开发商在泥泞中挣扎，外来开发商宁愿去青岛试试，也不敢在济南落子，这就给了中海一个相对稳定的环境。

（3）人和

要彻底拿下 4 000 亩地，一定是政企双方都有做超级大盘的决心，开发商愿意花大价钱投入，地方政府愿意全力配合招商引资，否则难以做起来。其实其他城市也不乏大体量勾地项目，虽然号称已签约了几千上万亩，但往往一期拿掉 300 ~ 500 亩后，就因为资金难以为继或者政府换届或者用地指标难以落实，再后面就没有声音了。

回到华山这个项目上来，看看中海是如何做的，笔者评价是高举高打，执行力强悍：

① 2013年5月28日，中海和历城区政府、城投公司签订了框架协议。

② 2013 年 9 月，取得 2105 亩的熟化人资格，并且一次性支付熟化资金 16 亿元。

③ 2014年1月就挂牌项目一期900亩，计容建筑面积137万平方米，其中住宅 110 万平方米，总地价 32 亿元，楼板价 2 350 元 / 平方米。

④ 2014 年 8 月取得剩余 1895 亩的熟化人资格，并且一次性支付熟化资金 20 亿元。

笔者认为：为了这个项目，中海不算项目本身及周边学校的建设费用，从 2013 年 9 月至 2014 年 8 月累计投入的熟化资金及土地款已经高达 62 亿元（一期摘牌返还 6 亿元），而且一期拿地的价格为 2 350 元 / 平方米，就算扣除返还，按照当时的房价来看其实也并不算便宜。但是中海还是没有停下拿地的脚步，仍在进一步高举高打。

⑤ 2015 年 1 月，摘牌项目二期 647 亩，土地款 28 亿元。

⑥ 2016 年 1 月，摘牌 839 亩，土地款 38 亿元。

⑦ 2016 年 8 月，在熟化人资格制度关门之际，摘牌最后一批 1 578 亩，土地款 77 亿元。

笔者认为：济南的房价是从 2016 年年底至 2017 年年初开始大涨，中海华山项目 2016 年的均价是 8 141 元 / 平方米，2017 年均价达到 11 411 元 / 平方米，到了 2018 年均价达到了 13 561 元 / 平方米，买定离手迎接大涨。

### 3. 大盘运作喜迎头炮红

超级大盘最怕的就是开盘开砸了，一旦开盘不成功，按照以销定产就要开始缩减开支，一旦缩减开支，大盘的开发受到影响，就是恶性循环的开始。所以一定要热销，一定要抓大回款，开盘卖 30 亿元不算多，卖 10 亿元都不能算成功。

看看华山是怎么做的。

当年华山的直接竞品就是全福立交的几个盘，区位更加成熟，卖 8 000 多元 / 平方米，但卖得一般般。

首先，卖配套，学校先行，环境其次，交通保障，拉高了新区域的预期。

其次，卖低价，价格永远是最重要的杀手锏，直接喊出 4 字头，的确比竞品远、的确比竞品现状配套差，但价格对折，先把客流拉起来，把场子热起来，收割的是全城客户。

再次，就是营销的接客杀单战术，不赘述。

最后的结果是，首批项目蓄客 6 000 多组，在楼市寒冬中开盘，2014 年 11 月推出 6 140 套房，当天认购 4 300 套，成交额 25 亿元，也算是当年的红盘，单盘销售额直接打进济南前三，中海也因为这个项目和中海国际社区两个项目挤进济南开发商的前三。

### 4. 小结

做成超级大盘的开发商必须要有几条特质：①能忍，市场没有起来，初期不赚钱，要忍过去，靠后期赚钱。②有钱，初期投入大，一口气 2 年半摘满 4 000 亩，就这个动作而言也是一个强力排他，但也是对自己非常严苛的要求，没有实力是要被撑死的。如果想走捷径，比如先拿 500 亩，卖完再拿 500 亩进行滚动循环拿地，也许后面的地就不是自己的了。③有操盘能力，这种操盘是大开大合的，投入大、产出大，非小公司能搞得定。

## 第三节　股权收购洽谈实操技巧

不少投资人员都会有洽谈上的困扰，在与转让方洽谈股权收购时，不知道该如何谈起，准备什么材料，问些什么问题，制订什么洽谈策略。

一次高质量的面对面会晤洽谈，必须有很强的目的性，否则现在科技那么发达，微信联系联系、电话沟通沟通效果其实也不差。面对面的洽谈机会非常少，必须好好准备。

一般来讲，洽谈还是会有两个比较重要的节点需要重视并好好准备，两个节点分别是第一次拜访阶段及正式商务条件沟通阶段。

### 一、第一次拜访沟通

这种发生的场景，一般是在办公室、会议室、酒桌和茶室这些地方，是中介或者相关朋友带领着与业主方见面，其实更多的就是互相认识、互相了解，以务虚为主，并没有太多实质性的内容。

洽谈前并不需要准备什么材料，因为在手的一般都是些中介给的间接资料，甚至不一定搞得清楚项目是怎么一回事，见了业主方后才能了解清楚。第一次拜访沟通，对合作方的考察了解往往比项目本身更加重要。一句话，去见了再说。

但一般要准备以下几个问题。

（1）为什么要卖、要合作：直接问业主。排除中介们的干扰，了解业主的主要诉求，为后续的研判打下基础。这也是双方商务逻辑的基础。

（2）项目目前的进展状态：是前期未拿地，还是已开发甚至烂尾，背后的故事是什么，这就是听业主讲故事。讲故事有两点好处：一是了解项目的来龙去脉，看看能不能挖出来点或有风险，二是听业主讲创业不易，其实也是拉近双方距离的好办法。

（3）业主对项目的看法与预期：拿地的初衷是什么，未来想卖多少钱，预期想赚多少钱。这其实也是刺探业主对项目预期与需求溢价底线的方式，如果预期很高而且逻辑相对也清晰，那一定是想得很清楚，价钱谈起来会有难度。

（4）业主对其他开发商的看法：一个项目肯定不止自己一家人谈，谈谈他对别人的看法，也有助于了解业主的心态。

也要准备一些自己的材料。

（1）公司的对外宣传资料：这就和卖房的销售讲的一样，表明公司实力，表明公司与这个项目契合度的依据，也是自己对外洽谈的官方背书。

（2）伴手礼：如果对项目重视的话，第一次去准备点公司的纪念品还是有帮助的。生意归生意，人情归人情。

## 二、商务条件沟通

这种发生的场景一般就是会议室了，而且是实打实的商业战争，必须要谋定而后动，所以要的资料越多越好。

这种沟通谈判的关键是，一定要明确自己的商务边界条件，否则连还价都不知道怎么还，就没法谈下去了。明确条件，一是可接受的价格（在未得到授权之前一般是按照利润率反推），二是交易架构（一般按照双方核心诉求进行搭建）。

一般要提前向合作方拿到以下材料：

（1）已有证照的复印件。

（2）已报批的平面图（如有）。

（3）项目公司资产负债表（如有），复杂项目还需要有审计报告。

（4）土地出让合同及规划要点等。

拿到材料才好算细账，否则算出来的经济收益误差太大，洽谈中也用不上。

洽谈时候要重点沟通以下问题：

（1）合作方一共要多少钱，什么时候要钱、什么途径给。

（2）风险事项合作方是如何考虑的，能不能兜底。

（3）如果有股权合作，操盘并表怎么考虑。

（4）后续的双方工作安排怎么考虑。

谈好了之后，双方合作框架也就差不多定了，后续就是上报材料由公司决策调整商务条件，后续尽职调查后进一步调整，不断微调的节奏了。

## 第四节 产业勾地合作洽谈常规思路

平时的投资工作中，经常会碰到以下情况，某个产业方勾了块地，科研产业及住宅，因无开发经验想找开发商负责住宅开发。但诉求为项目中的合作产业及住宅都由开发商出资拿地建设，地产部分由开发商操盘销售，产业部分由产业方未来自持运营。

一般而言，在合作模式上产业方也不会想得很深入，双方就要谈个合作路径、公司设置、股权比例及利润分配等问题，本节介绍洽谈的常规思路。

### 1. 首先要解决双方商业模式的契合点问题

（1）产业方的商业模式

产业方勾地常规的诉求，就是不出钱获取一个建成物业。如果有可能，在建成物业之外，还能获取一部分现金收益。

（2）开发商的商业模式

开发商的商业模式就是卖住宅，卖完住宅就想带着合理利润退出，对产业本身持有经营兴趣并不大。

（3）契合点

在住宅用地上面，无论是产业方希望赚出一个物业，还是开发商想带着合理利润退出，都要靠销售住宅来实现。住宅利润的高低，决定了产业方和开发商双赢的可能性。

### 2. 方案的设计调整

有了一个双方的契合点，其实就很好设计方案：按照产业所搭配住宅的利润实现能力来设计一些阶梯式的方案。

当然利润的实现具有不确定性，由于计算方式不同，开发商计算的收益，产业方也不一定认可，所以实操层面，一般就用出让地价的高低来设计阶梯式的方案。

（1）第一种方案，地价足够低的时候，住宅部分能产生足够的利润来覆盖产业方的物业要求以及开发商的利润要求，这种情况下双方合作的利润分配空间是最大的，甚至可以提议给产业方相应的经营权利抑或是更直接的超额利润分配。

（2）第二层方案，地价不够低，住宅部分产生的利润仅能覆盖产业方的物业要求，难以覆盖开发商的利润要求，此时一般都会考虑让开发商带着利润先行退出，产业方自行靠税筹弥补现金流缺口。

（3）第三层方案，地价不低，住宅部分产生的利润甚至难以覆盖产业方的物业要求，这个时候产业方反而是弱势方，因为开发商普遍的接盘意愿不强，除非产业方自己补一部分资金完成产业物业的建设。或者产业方退而求其次，本来要求的是无偿获取一个自持物业，现在要求的是无偿获取产业用地，开发商能帮他把产业的地价赚出来就好了。

（4）第四层方案，地价较高，住宅部分产生的利润甚至难以覆盖产业用地的地价，这个方案的话，那就基本上无解了，谁做都很累，产业方的预期不能太高。

### 3. 抛方案

对于没有经验的产业方，开发商对产业方应先抛合作方案，既是展示自己的诚意，也是提出自己的诉求

最佳的方式就是提出产业方应该去勾兑的住宅用地及产业用地的具体地价，提醒其做出产业贡献后应该去争取相应的权益，毕竟产业方和开发商的收益都来自这个差价，不然开发商真不如自己去招拍挂。在地价足够低的情况下，开发商表示愿意为产业方赚出一整个物业，当然自己也留了一块利润。

合作方式上，涉及产业部分的开发经营事项可以由合作双方一致决策，以示对合作方的尊重，住宅部分还是应该开发商自己说了算。

当然也可以留一个激励项，如果产业方争取的地价在约定地价之下，多出来的价格都可以算其溢价，税后利润进行分配。

## 第五节　收购的核心就是解决钱的问题

很多投拓人员在日常的商务条件洽谈中，总是抓不住重点，要么是谈情怀聊八卦，要么是死抠专业细节，往往效果都不是太好。

投资这个专业，就是代老板理财，本质上就是谈生意，谈生意则必须要谈钱，还是要把谈钱放在首位。当然如果老板自己已经把商务条件谈好了，投资只是落实后续工作，那是另外一回事，抓抓执行就好了。

本节就是讲怎么谈“钱”？

### 一、拿地成本可量化

收并购远比招拍挂复杂，特殊的交易结构下面，综合获取土地的成本很难算得清楚。如果都不知道自己拿地的成本是多少，后面还怎么谈呢？

所以投资人员要做的事情就是下面两件。

### 1. 简化交易结构

本书第一章一直在强调简化交易结构的重要性，因为只有简化了，买家才好算账，绕来绕去的结果往往就是买的没有卖的精，复杂的交易结构中卖家的控制力往往不减反增，里面会藏着不少卖家的诉求。

碰到复杂的项目，让卖家包干风险项是非常有效的办法。

### 2. 对标招拍挂价格

很多项目真的很难算账，比如那些干股项目，又比如那些增资项目，有些根本没法算自己的成本，因为名义获取成本虽然极低，但是加上一些资金资助、资金优先分配等，其实也不见得很划算。这个时候就需要和招拍挂项目相对比。招拍挂的地价其实就是一个公允的参考地价，是一个比较好的坐标系，如果收购项目折算出来的招拍挂地价远高于周边可参考的招拍挂市场价格，那还不如直接去拍一块地。

这种可比的量化其实也是一种商业逻辑的量化。具体的方式每家企业都不一样，但是较为合理的方式，就是用股东实际到手的净利润额去倒推量化。比如某个收购项目最终股东的净利润是 1 亿元，那么可以计算在同样的规划指标、房价成本假定下，土地市场上拍多少钱才能获取同样的 1 亿元净利润。具体的推演方式，就是先把收购项目的账面算清楚，算出股东的净收益，然后模拟在 100% 持股，且土地有全票的情况下，招拍挂地价到多少才能达到这个净利润。

只有量化完土地的实际成本之后，才有可能对商务条件制订合理的洽谈策略，否则都不知道自己谈的价格合不合算，没法和人谈。

## 二、捂住钱袋子，守好付款端

做投资，大家往往看的都是账面利润，却忽视了付款进度，因为付款在测算表里面基本上属于无足轻重的状态，最多就是多了一笔自有资金的利息，在总成本中的占比也不大。

但是真正的做生意，大家对付款都是锱铢必较的，想想自己买房，是不是很想首付分期付款？尾款节点到了，还会想着拖一拖。

所以收购这件事，既然帮老板理财，对于资金的付款节奏也是记在心上的。常规的付款就是协议签完给定金，股权或产权过户完成给一部分，项目交接再给一部分，尾款压一年担保或有风险。

有时候项目只是签了个排他，卖家就要求买家付高额的共管资金，虽然这些钱还是安全的，也能有存款利息，但是对公司的资金流动性还是会有影响，投资人员肯定也要争取少压钱，尽量用公司的信用做担保。

总之，在谈到付款的时候，一定是要努力将付款节奏拉长，找的理由可以不限，比如有风控的要求、比如有经营上的压力，但是做生意，付款周期越长对买家越有利。

## 三、经营上努力不垫钱

有些收购，卖家是不全退的，因为他看好这个项目，除了卖控股权套现之外，还想拿一点后端的收益。大部分的卖家，虽然名义上同股同权、共同开发，但都只想做成干股，只收钱不出钱。

这就要求进一步的斗争了。

因为在生意场里，谁出钱多、担保多，风险就承受得越大。一定要牢记“钱 = 风险”这个等式。公司是有限责任公司，一旦出问题，干股股东损失他的出资额就结束了，剩下的都是垫资的股东来承担，收益权和风险完全不匹配。

所以一般在实际操作中，投资人员要有“互不相欠”的思维，我不占你便宜，你也不要占我便宜。大家同股同权同投，担保这块如果银行不认，那就讲清楚担保费，但是其他资金都是要同进退。当然这也是理想状态，本来垫资与否也是商务条件的一部分，但是投资人员还是要对垫资等事宜有足够的重视，不能因为算过账了没问题，就漠视之。

帮老板投资，就是要把账面理清楚，尽量不要在经营上被人占便宜还没感觉。明明白白讲清楚被人占便宜是大气，但稀里糊涂被人占便宜就是无能了。

## 第六节 投资工作中如何为项目找资金

投资人员拿地需要钱，但财务上不一定能给得了支持，还得靠自己。投资人员拿地其实只关心拿地缺保证金怎么办，土地款付不出来怎么办，专业领域的对接还有财务部门想办法，一旦土地款付清、土地证办出来，融资的办法多得是，缺的就是拿地的头寸资金。

当然限于金融形势，每个时间段都有每个时间段的筹资办法，本节讲的就是2018年年底至今的常规操作方向，也是市场下行中筹资的常规办法。

如果不靠财务口，靠投资口去找土地款该怎么办?

### 一、尽量避免募集类资金

2018年以来金融监管非常严，很多金融机构的资金池都不复存在，都要求单项目单独募集，而一旦碰到募集的问题，就是时间冗长、手续烦琐，而且募集本身也有不确定性，现在行情不好，容易因为募集不到资金而告吹。

而且很多募集类资金因为“穿透”监管限制，也严格遵守“四三二”的要求，资金无法在土地款付清之前进来用于拿地的保证金和后续的土地款，所以对投资口拿地的意义非常有限。

## 二、尽量与同行合作

俗话说隔行如隔山，要把一个项目向金融机构或者社会资本讲清楚好坏是件非常头疼的事情。但是房企之间却不一样，一点就通、一拍即合，省去了太多的沟通上的烦恼，而且房企本身也有拿地诉求，容易达成同股同权的合作模式，当然也有一定的资金实力，在当下的阶段是最好的合作伙伴。

房企间的合作其实有两种：一种是拿地前就讲好了，共同出资保证金及后续土地款；另一种是拿地后找合作，参与合作的房企出资相应股权比例的土地款，并且按照计息或者资金同等占用等模式给予拿地房企补偿。

可以讲，在弱市中拿地，同行间的合作是条件最对等的一种合作方式。

## 三、考虑机会性使用国企资金

以往这部分资金是很难拿得到的，因为国资参与地产开发是受到严格限制的，甚至各地城投公司都在被要求不断退出房地产。但是近期随着土地流拍加剧、地方政府卖地难，以城投公司为代表的国企托底土地市场的情况越来越多。

国企托底只是权宜之计，它自己开发能力不够，或者本身的资金也是挪过来的，也需要通过合作而回笼资金、盘活资产，拿了地转头就对外推介寻找合作的比比皆是。

所以这类资金也是可以利用的，洽谈一个合作开发，甚至是小股操盘，给国企的资金收益保底，一般就能顺利谈下去。其实对于房企而言，就已经算是利用了国企的资金，起码土地款有人会一起承担。

## 四、与中小房企合作

随着这几年地价的暴涨，中小房企的资金实力相比动辄亿元级、十亿元级的土地款而言，已经望洋兴叹，衍生出两种状态，其实都类似于收购，但对拿地而言，也算是有人出资了。

一种是前期市场高点拿了地，保证金已交、后续土地款没交全没办证，但是发现市场下行、银根锁紧，自身资金实力已经无力支付后续土地款，只能找合作方合作。

另一种是因为自身实力有限，融资渠道封闭，想找一家或几家房企整体战略合作，愿意同股同权出资，甚至出资源，但希望借用大房企的品牌及融资渠道把自己做大做强。

无论是哪种，对于房企减轻自身拿地压力而言，都是合适的。

## 五、社会闲散资金的使用

社会闲散资金一般都会以债权的形式来介入房企拿地，愿意同股同权走到底的非常少。但是因为，一是拿地的时候项目最多是一个土地出让合同，证照章都没办，保证金合作更是什么都没有，最多一个房企担保承诺，风险是比较大的；二是这种一般都是过桥，等到房企后端开发贷下来一定是会把它置换掉，所以社会闲散资金的利率会非常高，15% 不算高，25% 都有人要，这种钱借得非常烫手。

当然，利率上面，保证金配资使用的利率是最高的，等于是用信用借了一笔钱，随着房企自有资金比例越来越高和离办证时间越来越近（可有抵押物），利率是不断走低的。

## 六、小结

当然，可能有人也会问，有很多融资的途径和技巧为什么不提。本节讲的是实操，不讲形式，探讨的核心是资金是谁的，能不能用于拿地，那些看起来复杂的融资形式分一分，对投资口而言，无非就是付保证金阶段进来、土地款付清前进来、土地证下证后进来，花式秀技巧或科普不是本书的方向。近年来的发展趋势是，金融机构的钱限于监管风控的原因都只能用于后端（“四三二”之后），可能有少部分可以各种方式提前，但基本上也要等到项目办理出土地证之后了，而且要求都会非常高。

股权合作是拿地找钱最好的方式，因为项目启动阶段就能进钱，能降低拿地的资金头寸，降低股东投入的资金峰值。

如果是等到项目办理出土地证之后的融资，其实和投资口的关系不大了，财务部门做得比投资部门熟练多了、办法也多，但找股权合作的钱，投资部门的效率肯定比财务部门高很多，也是投资人员价值所在。

当然如果房企有能力通过自有资金一把付清土地款，办出土地证，然后再通过各种各样的技巧去花式融资，只要信用够好、排名够高，什么都有可能，但也不在本书的讨论范围之内了。

## 第七节　收购一家预计亏损的项目公司该如何考虑

2018 年之后的二手土地市场有不少高价地流出来，一算都是亏的，本节就是试图理一理，如何处理这些项目。

相对而言，亏损项目还是比较难处理的，需要天时地利人和。盈利的项目转让方和受让方分利润，无非是多赚点还是少赚点；而亏损的项目，受让方一般不会分担亏损，要让转让方认亏、亏多少都是难事。

### 一、对转让方：心态要摆正，心态不正的合作方事倍功半难合作

一句话：转让方要认亏。

对于高价地，转让方自己做不下去的核心原因就是亏损，地块拿地

价格过高，已经明亏了，一旦投入建设费用也许亏得更多，所以没动力继续投入，但与其砸手里，不如引入合作伙伴来投入，甚至直接卖掉。

但如果要转让，转让方必须要想清楚，自己做都要亏的项目，别人做大概率也是要亏，如果还想着自己保本全身而退往外甩是不现实的，没道理自己举不动的杠铃，别人愿意替你来扛。

转让方要认亏，而且是随行就市亏到市场价为止，才会有开发商来接盘，才有流动性。对于那种心态很高的转让方，真心只能躺着，等市场好转来拯救，但万一市场没有起色，自己就被高额利息压得资不抵债了。

拒不认亏的转让方，建议就不要浪费时间接触了。

## 二、对受让方：零和博弈思维，你亏的就是我赚得，你不亏我没得赚

在市场上行的情况下，投资人员的惯有思维，就是努力挖潜去促成项目，房价是项目能否成功最大的变量，涨了一切都好说，但在市场下行且项目大概率亏损的情况下，我们要改变思维，要用零和博弈的思路。

受让方赚的钱，就是转让方亏的钱。

那些缺乏资金持续投入能力，已经躺下的转让方，项目没有资金投入继续开发、已有的资金却沉淀在其中，而且大概率越投越亏，找高利贷更是饮鸩止渴，进退两难。新股东的收购是在拯救转让方，让转让方找到了一个止损的点退出，但受让方没有义务拯救转让方，也是要赚钱的，所以一般而言，转让方的实际亏损就是项目预期的全口径亏损加上受让方的预期利润。

## 三、成功做成项目交易的核心因素：转让方的自有资金净投入还剩多少

商务条件都是其次，利润分配机制的洽谈怎么谈都可以，无论是谈股还是谈债。

但有一点，最关键也最痛点，就是转让方的投入在项目公司中的自有资金净投入还剩下多少，如果是100%股权转让，那就是所谓认亏，亏的都是它的自有资金净投入；如果是合作，那有条件的话一分钱都不能抽走，理由很简单，转让方地拿贵了，要合作，势必要亏着卖，一旦转让方本钱抽走全身而退后未来却没法把钱还回来，项目公司出现了现金流亏空，这个账就没法平。所以如果是合作开发，拿地价和目前市场价差异的认亏部分也必须沉淀在项目公司中，以备资金缺口的不时之需，毕竟一旦钱抽走了，一般就没把握还回来了。

有些项目因为有融资等因素，项目公司的股东净投入已经没多少了，不足以应付可能有的亏损，这个时候，项目做成的难度就会相对比较大了，需要市场的上涨、增加项目预期的利润时候，才有可能把现金流的账做平，那就又有很大风险。

# 第四章 测算案例

## 第一节　静态测算模板搭建

先以一个测算模板的搭建来讲讲测算的基本原理，说到对原理的理解，与其看书看表，不如自己来做张表。表格的项目设计好，勾稽关系搭建好，测算的原理其实就了然于胸了。

本节就示范一下，如何在半小时内搭建一张静态测算表。

### 一、搭好测算逻辑架构（表 4–1）

表 4–1　逻辑框架（一）

| 序号 | 明细 | 金额（万元） | 建筑面积（平方米） | 单方指标（元 / 平方米） |
|---|---|---|---|---|
| 一 | 销售收入 | | | |
| 二 | 开发成本 | | | |
| 三 | 三费 | | | |
| 四 | 税金 | | | |
| 五 | 利润 | | | |
| 六 | 无偿移交或自持项 | | | |

因为是静态表，就是简单相加，销售收入 = 开发成本（含土地款）+ 三费 + 税金 + 利润。然后项目中如果有无偿移交或者自持的内容，都在第六条单列出来，把成本给算出来就好了；如果是移交的，就从净利润里面扣除；如果是持有的，那看测算假设来设定，还是注意要算一下现金流利润。

## 二、销售收入项下的罗列（表 4–2）

表 4–2　逻辑框架（二）

| 序号 | 明细 | 金额（万元） | 建筑面积（平立米） | 单方指标（元 / 平方米） |
|---|---|---|---|---|
| 一 | 销售收入 | | | |
| 1.1 | 业态 1 | | | |
| 1.2 | 业态 2 | | | |
| 1.3 | 车位 | | | |
| 二 | 开发成本 | | | |
| 三 | 三费 | | | |
| 四 | 税金 | | | |
| 五 | 利润 | | | |
| 六 | 无偿移交或自持项 | | | |

这个比较简单，要注意都是可售的业态。

## 三、开发成本项下的罗列（表 4–3）

表 4–3　逻辑框架（三）

| 序号 | 明细 | 金额（万元） | 建筑面积(平方米） | 单方指标（元 / 平方米） |
|---|---|---|---|---|
| 一 | 销售收入 | | | |
| 1.1 | 业态 1 | | | |
| 1.2 | 业态 2 | | | |

**续表**

| 序号 | 明细 | 金额（万元） | 建筑面积(平方米） | 单方指标（元/平方米） |
|---|---|---|---|---|
| 1.3 | 车位 | | | |
| 二 | 开发成本 | | | |
| 2.1 | 土地款及契税 | | | |
| 2.2 | 前期费用 | | | |
| 2.3 | 建安工程费 | | | |
| 2.3.1 | 业态 1 | | | |
| 2.3.2 | 业态 2 | | | |
| 2.3.3 | 地下 | | | |
| 2.4 | 基础设施费 | | | |
| 2.5 | 开发间接成本 | | | |
| 三 | 三费 | | | |
| 四 | 税金 | | | |
| 五 | 利润 | | | |
| 六 | 无偿移交或自持项 | | | |

开发成本项下罗列了五部分：土地款及契税、前期费用、建安工程费、基础设施费和开发间接成本，其中建安成本又细分为业态和地下，主要考虑虽然是概算，但是不同业态的成本包括地下其实差距是蛮大的，所以就罗列出来以示区。前期费用主要的就是设计费、报建费，基础设施费主要的就是市政配套费、景观费用、营销设施费用等。

这一块的成本分项其实还是很灵活的，有需要的话，可以自行编制名目及设定内涵，反正是概算。

## 四、三费及税金的罗列（表 4–4）

**表 4–4　逻辑框架（四）**

| 序号 | 明细 | 金额(万元) | 建筑面积（平方米） | 单方指标（元/平方米） |
|---|---|---|---|---|
| 一 | 销售收入 | | | |
| 1.1 | 业态 1 | | | |
| 1.2 | 业态 2 | | | |
| 1.3 | 车位 | | | |
| 二 | 开发成本 | | | |
| 2.1 | 土地款及契税 | | | |
| 2.2 | 前期费用 | | | |
| 2.3 | 建安工程费 | | | |
| 2.3.1 | 业态 1 | | | |
| 2.3.2 | 业态 2 | | | |
| 2.3.3 | 地下 | | | |
| 2.4 | 基础设施费 | | | |
| 2.5 | 开发间接成本 | | | |
| 三 | 三费 | | | |
| 3.1 | 销售费用 | | | |
| 3.2 | 管理费用 | | | |
| 3.3 | 资本化财务费用 | | | |
| 四 | 税金 | | | |
| 4.1 | 增值税及附加（简易计税） | | | |
| 4.2 | 土地增值税预征 | | | |
| 五 | 利润 | | | |
| 六 | 无偿移交或自持项 | | | |

重点说明三个测算项目：资本化财务费用建议使用全周期的，总投资额的一半算上基准利率的合理上浮，有可能实际发生的财务成本

会比这个数字少，但加上自有资金的计息也差不多了。反正是概算，算个能满足足额税前列支的数字就行了，当然也可自行调整。

增值税按照简易计算法5%来计算，毕竟我们争取一张表格速算搞定，也不要套表算销项和进项。5%的税点有点类似于以前的营业税税点了。

土增税按照预征，一般项目预征也就满足要求了，利润特别大的项目后面适度调整一下就好了，速算也不要套表了。

## 五、利润的罗列（图4-5）

表4-5 逻辑框架（五）

| 序号 | 明细 | 金额（万元） | 建筑面积（平方米） | 单方指标（元/平方米） |
|---|---|---|---|---|
| 一 | 销售收入 | | | |
| 1.1 | 业态1 | | | |
| 1.2 | 业态2 | | | |
| 1.3 | 车位 | | | |
| 二 | 开发成本 | | | |
| 2.1 | 土地款及契税 | | | |
| 2.2 | 前期费用 | | | |
| 2.3 | 建安工程费 | | | |
| 2.3.1 | 业态1 | | | |
| 2.3.2 | 业态2 | | | |
| 2.3.3 | 地下 | | | |
| 2.4 | 基础设施费 | | | |
| 2.5 | 开发间接成本 | | | |
| 三 | 三费 | | | |
| 3.1 | 销售费用 | | | |
| 3.2 | 管理费用 | | | |

续表

| 序号 | 明细 | 金额(万元) | 建筑面积(平方米) | 单方指标(元/平方米) |
|---|---|---|---|---|
| 3.3 | 资本化财务费用 | | | |
| 四 | 税金 | | | |
| 4.1 | 增值税及附加（简易计税） | | | |
| 4.2 | 土地增值税预征 | | | |
| 五 | 利润 | | | |
| 5.1 | 所得税前利润 | | | |
| 5.2 | 所得税 | | | |
| 5.3 | 净利润 | | | |
| 5.4 | 销售净利润率（含税） | | | |
| 六 | 无偿移交或自持项 | | | |

本项内容在此不赘述，只是细化罗列而已。

## 六、自持及移交物业的罗列（表 4–6）

表 4–6　逻辑框架（六）

| 序号 | 明细 | 金额(万元) | 建筑面积(平方米) | 单方指标(元/平方米) |
|---|---|---|---|---|
| 一 | 销售收入 | | | |
| 1.1 | 业态 1 | | | |
| 1.2 | 业态 2 | | | |
| 1.3 | 车位 | | | |
| 二 | 开发成本 | | | |
| 2.1 | 土地款及契税 | | | |
| 2.2 | 前期费用 | | | |
| 2.3 | 建安工程费 | | | |
| 2.3.1 | 业态 1 | | | |

**续表**

| 序号 | 明细 | 金额（万元） | 建筑面积（平方米） | 单方指标（元/平方米） |
|---|---|---|---|---|
| 2.3.2 | 业态 2 | | | |
| 2.3.3 | 地下 | | | |
| 2.4 | 基础设施费 | | | |
| 2.5 | 开发间接成本 | | | |
| 三 | 三费 | | | |
| 3.1 | 销售费用 | | | |
| 3.2 | 管理费用 | | | |
| 3.3 | 资本化财务费用 | | | |
| 四 | 税金 | | | |
| 4.1 | 增值税及附加（简易计税） | | | |
| 4.2 | 土地增值税预征 | | | |
| 五 | 利润 | | | |
| 5.1 | 所得税前利润 | | | |
| 5.2 | 所得税 | | | |
| 5.3 | 净利润 | | | |
| 5.4 | 可售部分销售净利润率（含税） | | | |
| 六 | 无偿移交或自持项 | | | |
| 6.1 | 业态 1 总成本（无偿移交） | | | |
| 6.2 | 业态 2 总成本（自持资产） | | | |
| 6.3 | 项目现金流利润 | | | |
| 6.4 | 自持业态总成本 | | | |
| 6.5 | 销售净利润（扣除移交业态） | | | |
| 6.6 | 销售净利润率（扣移交业态） | | | |

表中的测算都是可售部分的，逻辑上，无偿移交部分的成本直接从税前利润里面扣除，当然如果是能抵税的配建成本就放到前面建安部分去，虽然这张表的土增税和增值税计算和配建成本是否抵税的关系不大，但是逻辑还是要讲清楚。

如果是自持业态，其实还是一块资产，但是沉没成本，所以也就算个现金流利润看看情况。

## 七、勾稽关系搭建（表 4–7）

表 4–7　勾稽关系搭建

| 序号 | 明细 | 金额（万元） | 建筑面积（平方米） | 单方指标（元/平方米） |
|---|---|---|---|---|
| 一 | 销售收入 | | | |
| 1.1 | 业态 1 | | | |
| 1.2 | 业态 2 | | | |
| 1.3 | 车位 | | | |
| 二 | 开发成本 | | | |
| 2.1 | 土地款及契税 | | | |
| 2.2 | 前期费用 | | | |
| 2.3 | 建安工程费 | | | |
| 2.3.1 | 业态 1 | | | |
| 2.3.2 | 业态 2 | | | |
| 2.3.3 | 地下 | | | |
| 2.4 | 基础设施费 | | | |
| 2.5 | 开发间接成本 | | | |
| 三 | 三费 | | | |
| 3.1 | 销售费用 | | | |
| 3.2 | 管理费用 | | | |
| 3.3 | 资本化财务费用 | | | |
| 四 | 税金 | | | |

**续表**

| 序号 | 明细 | 金额（万元） | 建筑面积（平方米） | 单方指标（元/平方米） |
|---|---|---|---|---|
| 4.1 | 增值税及附加（简易计税） | | | |
| 4.2 | 土地增值税预征 | | | |
| 五 | 利润 | | | |
| 5.1 | 所得税前利润 | | | |
| 5.2 | 所得税 | | | |
| 5.3 | 净利润 | | | |
| 5.4 | 可售部分销售净利润率（含税） | | | |
| 六 | 无偿移交或自持项 | | | |
| 6.1 | 业态 1 总成本（无偿移交） | | | |
| 6.2 | 业态 2 总成本（自持资产） | | | |
| 6.3 | 项目现金流利润 | | | |
| 6.4 | 自持业态总成本 | | | |
| 6.5 | 销售净利润（扣除移交业态） | | | |
| 6.6 | 销售净利润率（扣移交业态） | | | |

基本上只要填写表格中灰色格内的数据，其他的都可以通过勾稽关系自动计算。

## 八、测算示例

一张静态测算表就这样搭建完毕了，我们就简单地拿一个案例来试算下（表 4–8）。

**表 4–8　假设情形**

| | | |
|---|---|---|
| 一、指标设定： | | |
| 高层住宅 | 400 000 平方米 | |
| 保障房（无偿移交） | 40 000 平方米 | 另 16 000 平方米地下 |
| 人才公寓（持有） | 40 000 平方米 | 另 16 000 平方米地下 |
| 地下面积 | 160 000 平方米 | |
| 车位 | 4 000 个 | |
| 二、税费设定： | | |
| 销售率 | 60% | |
| 增值税简易计税 | 5% | |
| 增值税附加 | 12% | |
| 土增税预征 | 2%，5% | |
| 资本化说明 | 总投一半借 2 年 | |
| 资本化利率 | 基准上浮 20% | |
| 契税 | 4% | |
| 开发间接成本 | 建安 1% | |
| 销售费用取点 | 2% | |
| 管理费用取点 | 1% | |
| 三、土地价格及售价设定 | | |
| 土地价格 | 50 000 万元 | |
| 高层住宅售价 | 8 000 元 / 平方米 | |
| 车位售价 | 10 万元 / 个 | |

简易测算的结果如表 4–9 所示。

表 4–9　测算实例

| 序号 | 明细 | 金额（万元） | 建筑面积（平方米） | 单方指标（元 / 平方米） |
|---|---|---|---|---|
| 一 | 销售收入 | 344 000 | | |
| 1.1 | 高层住宅 | 320 000 | 400 000 | 8 000 |
| 1.2 | 无 | | | |
| 1.3 | 车位 | 24 000 | | 10 万元 / 个 |
| 二 | 开发成本 | 229 653 | 560 000 | 4 101 |
| 2.1 | 土地款及契税 | 43 333 | 400 000 | 1 083 |
| 2.2 | 前期费用 | 12 880 | 560 000 | 230 |
| 2.3 | 建安工程费 | 144 000 | | |
| 2.3.1 | 高层住宅 | 96 000 | 400 000 | 2 400 |
| 2.3.2 | 无 | | | |
| 2.3.3 | 地下 | 48 000 | 160 000 | 3 000 |
| 2.4 | 基础设施费 | 28 000 | 560 000 | 500 |
| 2.5 | 开发间接成本 | 1 440 | 560 000 | 26 |
| 三 | 三费 | 23 410 | | |
| 3.1 | 销售费用 | 6 880 | | |
| 3.2 | 管理费用 | 3 440 | | |
| 3.3 | 资本化财务费用 | 13 090 | | |
| 四 | 税金 | 26 864 | | |
| 4.1 | 增值税及附加（简易计税） | 19 264 | | |
| 4.2 | 土地增值税预征 | 7 600 | | |
| 五 | 利润 | | | |
| 5.1 | 所得税前利润 | 64 072 | | |
| 5.2 | 所得税 | 16 018 | | |
| 5.3 | 净利润 | 48 054 | | |
| 5.4 | 可售部分销售净利润率（含税） | 14% | | |

**续表**

| 序号 | 明细 | 金额（万元） | 建筑面积（平方米） | 单方指标（元/平方米） |
| --- | --- | --- | --- | --- |
| 六 | 无偿移交或自持项 | | | |
| 6.1 | 保障房总成本（无偿移交） | 22 965 | 56 000 | 4 101 |
| 6.2 | 人才公寓总成本（自持资产） | 22 965 | 56 000 | 4 101 |
| 6.3 | 项目现金流利润 | 18 142 | | |
| 6.4 | 自持业态总成本 | 22 965 | | |
| 6.5 | 销售净利润（扣除移交业态） | 30 830 | | |
| 6.6 | 销售净利润率（扣移交业态） | 9% | | |

简单说明：

（1）因为这个静态测算也只是一个逻辑的示意，为了速算需要，也没那么严谨，有些比如成本分摊、计税等事宜也就是简单处理了，误差肯定有的，而且不小。

（2）这个表格的测算逻辑其实就是可售的先算一稿，算到税前利润就行了，后面无偿移交或者自持的部分其实不少是可以抵扣所得税的，如果是配建甚至可以抵扣土增税和增值税（但都简易计税没有联动），所以后面也会算一个现金流利润，以及单列一个自持业态的总成本（毕竟也有沉没成本，也会有收益）。

（3）因为土增税按照预征、增值税按照简易，所以表格特别简洁，如果需要增加，也请自行增加计税的表，但前面都是估算的，后面的税算得再细其实都没用。

## 第二节 动态测算模板搭建

承接上节的静态测算，本节讲的是动态测算的表格如何搭建。动态测算是非常复杂的，基本上都是套表，十张表不算少，二十张表不嫌多，虽然不少开发商早已将测算表也标准化了，减轻了填表人的负担，力求傻瓜化，但是对于十几张表的勾稽关系，对新人而言，理解上是非常困难的。

在开始搭建表格之前，我们要明确为什么要做动态测算，做动态测算有什么意义？如果只是为了算利润率，那么静态测算已经足够了。做动态测算其实更多的是为了看现金流何时能回正、资金峰值大小出现时间以及测算资金运作效率IRR。当然业态不同，看表的重点也不同，像住宅类型的销售型物业，基本上就看看现金流回正时间以及资金峰值，IRR基本上都是几十上百，还特别容易失真，价值有限；但如果是商业、酒店等持有型物业，那就要看看持续的租金增长假设及IRR的反馈状态。

所以，动态测算体系的核心就是现金流量表，只要现金流量表确定了，所有的测算指标都能确定下来。当然现金流量表也分为项目公司层面和股东层面，股东层面也是依赖于项目公司层面的结果。

所以，本节的重点就是教大家搭建现金流量表，以及如何使用搭建好的现金流量表进行动态测算指标的速算，只要把这个主表做好了、吃透了，其实其他的销售表、成本表、税表都是辅助性的表格，理解起来会很快。

根据实际的使用情况，现在市面上最多的项目还是短平快的快销项目，大部分测算也是围绕该种项目展开，还是按照销售型业态为主要标的来做。

## 一、框架（表 4–10）

表 4–10 现金流框架

| 项目公司层面 | | 合计 / 万元 | 2017Q1 | 2017Q2 | … | 2019Q3 | 2019Q4 |
|---|---|---|---|---|---|---|---|
| 一 | 现金流入 | | | | | | |
| 二 | 现金流出 | | | | | | |
| 三 | 净现金流量 | | | | | | |
| 四 | 累计净现金流量 | | | | | | |
| | | | | | | | |
| 股东层面 | | | | | | | |
| 五 | 融资流入 | | | | | | |
| 六 | 融资流出 | | | | | | |
| 七 | 支付溢价 | | | | | | |
| 八 | 自有资金平均占用 | | | | | | |
| 九 | 自有资金成本 | | | | | | |
| 十 | 股东净现金流量 | | | | | | |
| 十一 | 股东累计净现金流量 | | | | | | |
| | | | | | | | |
| 指标 | | | | | | | |
| 十二 | 项目层面内部收益率 IRR | | | | | | |
| 十三 | 股东层面自有资金 IRR | | | | | | |
| 十四 | 项目层面资金峰值 | | | | | | |
| 十五 | 股东层面自有资金峰值 | | | | | | |

现金流量表逻辑结构分为两大块，一块是测算的项目，另一块是测算的时间轴。

（1）测算的项目

本书拟按照项目公司层面、股东层面、指标，三个大项来搭设从测算的结构。

需要注意的是，把融资纳入股东层面的现金流，主要还是考虑到项目层面的现金流测算还是以经营性现金流为主，了解项目本身的“造血”能力。而融资的借贷与偿还，主要影响的是股东借款投入的峰值，即融资的放款，可以让股东的股东借款减少甚至可以置换。

（2）测算的时间轴

时间轴是动态测算的基本特征之一，一般有两种时间轴，月度和季度，为了方便论述，以季度为时间轴。

## 二、项目公司层面结构搭建（表 4–11）

**表 4–11　现金流详细架构**

| 项目公司层面 | | 合计 / 万元 | 2017Q1 | 2017Q2 | … | 2019Q4 |
|---|---|---|---|---|---|---|
| 一 | 开发类现金流入 | | | | | |
| 1 | 销售回款（含销项税） | | | | | |
| 1.1 | 业态 1 | | | | | |
| 1.2 | 业态 2 | | | | | |
| 二 | 开发类现金流出 | | | | | |
| 1 | 土地款及契税 | | | | | |
| 2 | 前期费用 | | | | | |
| 3 | 建安工程费 | | | | | |
| 4 | 基础设施费 | | | | | |
| 5 | 开发间接成本 | | | | | |
| 6 | 三费 | | | | | |
| 6.1 | 销售费用 | | | | | |
| 6.2 | 管理费用 | | | | | |
| 6.3 | 财务费用 | | | | | |
| 7 | 增值税及附加（简易计税） | | | | | |
| 8 | 土地增值税预征 | | | | | |

续表

| 项目公司层面 | | 合计 / 万元 | 2017Q1 | 2017Q2 | … | 2019Q4 |
|---|---|---|---|---|---|---|
| 三 | 持有类现金流入 | | | | | |
| 1 | 资产扣税后净收入 | | | | | |
| 1.1 | 业态 1 | | | | | |
| 1.2 | 业态 2 | | | | | |
| 四 | 持有类现金流出 | | | | | |
| 五 | 无偿移交类现金流出 | | | | | |
| 六 | 所得税 | | | | | |
| 七 | 净现金流量 | | | | | |
| 八 | 累计净现金流量 | | | | | |
| | | | | | | |
| 股东层面 | | | | | | |
| 九 | 融资流入 | | | | | |
| 十 | 融资流出 | | | | | |
| 十一 | 支付溢价 | | | | | |
| 十二 | 自有资金平均占用 | | | | | |
| 十三 | 自有资金成本 | | | | | |
| 十四 | 股东净现金流量 | | | | | |
| 十五 | 股东累计净现金流量 | | | | | |
| | | | | | | |
| 指标 | | | | | | |
| 十六 | 项目层面内部收益率 IRR | | | | | |
| 十七 | 股东层面自有资金 IRR | | | | | |
| 十八 | 项目层面资金峰值 | | | | | |
| 十九 | 股东层面自有资金峰值 | | | | | |

（1）基本解释

本节将项目公司层面的测算项目进行了扩展，主要分为开发类现金流入流出、持有类现金流入流出、无偿移交类流出，所得税由于可以用持有类及无偿移交类的成本进行抵扣，所以也单列一项。

因为讲的是速算，所以分得并不细，直接列的大项，后续可直接手填，一张表速算完成。

（2）套表拓展

表格中每一栏测算项，填的是数字，但背后对应的实操层面却是一个系统性的工程，是诸多业务单元和成本发生项的集合，只不过在投资的测算表格中被简化成估算的数字了。所以，这些测算项都是可以单独拎出来作为一个分项表格的，比如土地款的支出、工程款的支出进度、销售进度、三费的支出进度和增值税土增税的计算，也包括持有部分的测算，如酒店、商业、长租公寓的测算，按各开发商对测算要求的精度不同而采取不同的配置，再细致一点的动态测算套表还会对工期计划、规划指标等作非常详细的说明。

但套表无论怎么展开，都是要在现金流量表中汇总，现金流量表是核心。

## 三、测算案例

本节还是以上一节静态测算的案例来试算下，假设股权占比是80%。

需要说明的是，动态测算的核心逻辑和测算基础还是依赖于静态测算的累加，动态测算只是将静态测算的数据在时间轴上展开而已，所以作为一个正确的测算，静态和动态是互为校核的。

## 1. 测算假设（表 4–12）

**表 4–12　测算假设**

| | | |
|---|---|---|
| 一、指标设定 | | |
| 高层住宅 | 400 000 平方米 | |
| 保障房（无偿移交） | 40 000 平方米 | 另 16 000 平方米地下 |
| 人才公寓（持有） | 40 000 平方米 | 另 16 000 平方米地下 |
| 地下面积 | 160 000 平方米 | |
| 车位 | 4 000 个 | |
| 二、税费设定 | | |
| 销售率 | 60% | |
| 增值税简易计税 | 5% | |
| 增值税附加 | 12% | |
| 土增税预征 | 2%，5% | |
| 资本化说明 | 总投一半借 2 年 | |
| 资本化利率 | 基准上浮 20% | |
| 契税 | 4% | |
| 开发间接成本 | 建安 1% | |
| 销售费用取点 | 2% | |
| 管理费用取点 | 1% | |
| 三、土地价格及售价设定 | | |
| 土地价格 | 50 000 万元 | |
| 高层住宅售价 | 8 000 元 / 平方米 | |
| 车位售价 | 10 万元 / 个 | |
| 人才公寓租金 | 1.5 元 /（平方米·天） | |
| 四、股权比例 | 80% | |

## 2. 静态测算表状况（表 4–13）

**表 4–13 静态结果**

| 序号 | 明细 | 金额（万元） | 建筑面积（平方米） | 单方指标（元 / 平方米） |
|---|---|---|---|---|
| 一 | 销售收入 | 344 000 | | |
| 1.1 | 高层住宅 | 320 000 | 400 000 | 8 000 |
| 1.2 | 无 | | | |
| 1.3 | 车位 | 24 000 | | 10 万元 / 个 |
| 二 | 开发成本 | 229 653 | 560 000 | 4 101 |
| 2.1 | 土地款及契税 | 43 333 | 400 000 | 1 083 |
| 2.2 | 前期费用 | 12 880 | 560 000 | 230 |
| 2.3 | 建安工程费 | 144 000 | | |
| 2.3.1 | 高层住宅 | 96 000 | 400 000 | 2 400 |
| 2.3.2 | 无 | | | |
| 2.3.3 | 地下 | 48 000 | 160 000 | 3 000 |
| 2.4 | 基础设施费 | 28 000 | 560 000 | 500 |
| 2.5 | 开发间接成本 | 1 440 | 560 000 | 26 |
| 三 | 三费 | 23 410 | | |
| 3.1 | 销售费用 | 6 880 | | |
| 3.2 | 管理费用 | 3 440 | | |
| 3.3 | 资本化财务费用 | 13 090 | | |
| 四 | 税金 | 26 864 | | |
| 4.1 | 增值税及附加（简易计税） | 19 264 | | |
| 4.2 | 土地增值税预征 | 7 600 | | |
| 五 | 利润 | | | |
| 5.1 | 所得税前利润 | 64 072 | | |
| 六 | 无偿移交或自持项 | | | |
| 6.1 | 保障房总成本（无偿移交） | 22 965 | 56 000 | 4 101 |

续表

| 序号 | 明细 | 金额（万元） | 建筑面积（平方米） | 单方指标（元/平方米） |
|---|---|---|---|---|
| 6.2 | 人才公寓总成本（自持资产） | 22 965 | 56 000 | 4 101 |
| 6.3 | 项目现金流利润 | 18 142 | | |
| 6.4 | 自持业态总成本 | 22 965 | | |
| 6.5 | 销售净利润（扣除移交业态） | 30 830 | | |
| 6.6 | 销售净利润率（扣移交业态） | 9% | | |

### 3. 现金流量表（表 4–14）

根据假设以及静态测算表中的数据，并在时间轴上展开，可以得到整体如下的现金流量表：

（1）项目公司层面

由于是速算，所以：①增值税按照简易计税、土增税按照预征；②持有和无偿移交类资金流出按照每个季度分摊；③财务费用按照贷款 2 年贷足，非按需贷款；④所得税考虑到了持有和无偿移交的成本抵扣，来计算预征所得税和清算所得税。

（2）股东层面

①融资的流入和流出是按照总投的 50% 来计算，2 年后偿还；②股东净现金流量是按照项目需求资金（项目公司层面净现金流量加上融资流入）；③本项目并没有算股东净现金流量的资金成本，主要也是因为项目公司层面超期使用了融资，融资成本在项目公司层面多列支了，考虑到计算股东净现金流量的目的也是因为自有资金是在各项目间抽调，本身有成本，所以两相抵扣，就不计算了。

（3）指标

由于这个项目股东净现金流量变号比较严重，可以看得出来由于后期有大额工程款支出以及税收支付，所以净现金流量变号变了两次，

## 表 4-14　动态结果

| 项目公司层面 | | 合计 / 万元 | 2017Q1 | 2017Q2 | 2017Q3 | 2017Q4 | 2018Q1 | 2018Q2 | 2018Q3 | 2018Q4 | 2019Q1 | 2019Q2 | 2019Q3 | 2019Q4 |
|---|---|---|---|---|---|---|---|---|---|---|---|---|---|---|
| 一 | 现金流入 | 344000 | 0 | 0 | 60000 | 60000 | 60000 | 60000 | 64000 | 24000 | 4000 | 4000 | 4000 | 4000 |
| 1 | 销售回款（含销项税） | 344000 | 0 | 0 | 60000 | 60000 | 60000 | 60000 | 64000 | 24000 | 4000 | 4000 | 4000 | 4000 |
| 1.1 | 高层住宅 | 320000 | | | 60000 | 60000 | 60000 | 60000 | 60000 | 20000 | | | | |
| 1.2 | 车位 | 24000 | | | | | | | 4000 | 4000 | 4000 | 4000 | 4000 | 4000 |
| 二 | 现金流出 | 279927 | 49006 | 12873 | 20869 | 20869 | 39249 | 17649 | 18193 | 13953 | 33433 | 11833 | 10197 | 31801 |
| 1 | 土地款及契税 | 43333 | 43333 | | | | | | | | | | | |
| 2 | 前期费用 | 12880 | 3220 | 3220 | 3220 | 3220 | | | | | | | | |
| 3 | 建安工程费 | 144000 | | 7200 | 7200 | 7200 | 28800 | 7200 | 7200 | 7200 | 28800 | 7200 | 7200 | 28800 |
| 4 | 基础设施费 | 28000 | 2333 | 2333 | 2333 | 2333 | 2333 | 2333 | 2333 | 2333 | 2333 | 2333 | 2333 | 2337 |
| 5 | 开发间接成本 | 1440 | 120 | 120 | 120 | 120 | 120 | 120 | 120 | 120 | 120 | 120 | 120 | 120 |
| 6 | 三费 | 23410 | 0 | 0 | 3436 | 3436 | 3436 | 3436 | 3556 | 2356 | 1756 | 1756 | 120 | 120 |
| 6.1 | 销售费用 | 6880 | 0 | 0 | 1200 | 1200 | 1200 | 1200 | 1280 | 480 | 80 | 80 | 80 | 80 |
| 6.2 | 管理费用 | 3440 | 0 | 0 | 600 | 600 | 600 | 600 | 640 | 240 | 40 | 40 | 40 | 40 |
| 6.3 | 财务费用 | 13090 | | | 1636 | 1636 | 1636 | 1636 | 1636 | 1636 | 1636 | 1636 | | |
| 7 | 增值税及附加（简易计税） | 19264 | 0 | 0 | 3360 | 3360 | 3360 | 3360 | 3584 | 1344 | 224 | 224 | 224 | 224 |
| 8 | 土地增值税预征 | 7600 | 0 | 0 | 1200 | 1200 | 1200 | 1200 | 1400 | 600 | 200 | 200 | 200 | 200 |

**续表**

| 项目公司层面 | | 合计 / 万元 | 2017Q1 | 2017Q2 | 2017Q3 | 2017Q4 | 2018Q1 | 2018Q2 | 2018Q3 | 2018Q4 | 2019Q1 | 2019Q2 | 2019Q3 | 2019Q4 |
|---|---|---|---|---|---|---|---|---|---|---|---|---|---|---|
| 三 | 持有类现金流入 | | | | | | | | | | | | | |
| 1 | 资产扣税后净收入 | | | | | | | | | | | | | |
| 1.1 | 人才公寓 | | | | | | | | | | | | | |
| 四 | 持有类现金流出 | 22965 | 1914 | 1914 | 1914 | 1914 | 1914 | 1914 | 1914 | 1914 | 1914 | 1914 | 1914 | 1914 |
| 五 | 无偿移交类现金流出 | 22965 | 1914 | 1914 | 1914 | 1914 | 1914 | 1914 | 1914 | 1914 | 1914 | 1914 | 1914 | 1914 |
| 六 | 所得税 | 4536 | 0 | 0 | 1080 | 1080 | 1080 | 1080 | 1124 | 384 | 14 | 14 | 14 | –1334 |
| 七 | 净现金流量 | 13607 | –52834 | –16701 | 34223 | 34223 | 15843 | 37443 | 40855 | 5835 | –33275 | –11675 | –10039 | –30294 |
| 八 | 累计净现金流量 | | –52834 | –69534 | –35311 | –1088 | 14756 | 52199 | 93054 | 98890 | 65615 | 53940 | 43902 | 13607 |
| | | | | | | | | | | | | | | |
| 股东层面 | | | | | | | | | | | | | | |
| 九 | 融资流入 | 115000 | | 60000 | 55000 | | | | | | | | | |
| 十 | 融资流出 | –115000 | | | | | | | | | | –60000 | –55000 | |
| 十一 | 支付溢价 | | | | | | | | | | | | | |
| 十二 | 股东净现金流量 | 10886 | –42267 | 34640 | 71379 | 27379 | 12675 | 29955 | 32684 | 4668 | –26620 | –57340 | –52031 | –24235 |

**续表**

| 项目公司层面 | | 合计 / 万元 | 2017Q1 | 2017Q2 | 2017Q3 | 2017Q4 | 2018Q1 | 2018Q2 | 2018Q3 | 2018Q4 | 2019Q1 | 2019Q2 | 2019Q3 | 2019Q4 |
|---|---|---|---|---|---|---|---|---|---|---|---|---|---|---|
| 十三 | 股东累计净现金流量 | | −42267 | −7627 | 63751 | 91130 | 103805 | 133759 | 166443 | 171112 | 144492 | 87152 | 35121 | 10886 |
| | | | | | | | | | | | | | | |
| 指标 | | | | | | | | | | | | | | |
| 十四 | 项目层面内部收益率 IRR | | | | | | | | | | | | | |
| 十五 | 股东层面自有资金 IRR | | | | | | | | | | | | | |
| 十六 | 项目层面资金峰值 | 69534 | | | | | | | | | | | | |
| 十七 | 股东层面自有资金峰值 | 42267 | | | | | | | | | | | | |

导致 IRR 是负值，报错。

（4）小结

在项目静态测算中，会发现这个项目并不赚钱，只是赚了一个资产；但是在动态测算中，重新审视发现这个项目的现金流还是非常好的，股东层面的累计净现金流的峰值可以达到 16.6 亿元，是个非常优质的项目，能够看到现金流的状态，这也是静态测算所无法提供的评判视角。

## 第三节 某复杂嵌套收并购项目案例测算

本书都是以整体的视角来考虑项目，不再赘述具体的测算过程。

这个案例是比较典型的嵌套收购案例，即 B 公司和 C 公司签订协议，要求 C 公司将项目公司 A 公司转让给 B 公司，但 B 公司没出一分钱就转手又将项目公司 A 公司转让给 D 公司。要求算 D 公司的账。顺带还加了国资产权交易、干股等概念。

### 一、项目背景

（1）项目公司（A 公司）情况

A 公司为项目公司，实缴注册资本金 500 万元，母公司为全资央企 B 公司。A 公司的经营业务仅为获取了一宗 66.74 亩土地，总建筑面积 14.1 万平方米，总土地款及契税 1 669 万元，土地款已由母公司缴纳完毕。

目前该宗土地已完成评估，100% 股权及负债总对价 9 226 万元，其中评估股权价格 7 701.5 万元，总负债 1 524.5 万元，股权增值 7 201.5 万元。

注：该溢价是评估报告的财务口径溢价，即股权增值 7201.5 万元，但实际上的投资口径溢价为总对价减去有票成本，溢价 7557 万元（9226−1669＝7557），财务口径与投资口径的差额部分为无票成本支出。

（2）合作公司（C公司）情况

C公司与央企B公司签署了战略合作协议，约定B公司必须将A公司股权定向挂牌给C公司，但未签订价格（根据央企审计的需要），以评估为准。

（3）收购方（D公司）与合作公司（C公司）的合作模式

D公司与C公司签署合作协议，约定由C公司先收购A公司100%股权，再由D公司按照220万元/亩（总作价14 683万元）向C公司收购A公司60%股权（实际操作中为D公司与C公司按照60%：40%股权成立合资公司，一同去收购项目公司A，但是资金筹措全部由D公司负责），D公司垫付部分资金C公司支付13%的计息。此外，D公司向项目公司收取2%的品牌管理费。

## 二、项目测算

无论多复杂的合作模式，都要优先测算项目公司层面的净利润，再去计算股东间的利润分配。

（1）项目公司层面利润情况（表4-15）

表4-15　项目公司层面

| | |
|---|---|
| 总营业收入（万元） | 131 339 |
| 土地成本及契税（万元） | 1 719 |
| 建安成本（万元） | 76 759 |
| 三费（万元） | 10 437 |
| 其中：品牌管理费 | 2 627 |
| 增值税及附加（万元） | 6 858 |
| 土地增值税（万元） | 8 605 |
| 税前利润（万元） | 27 260 |
| 所得税（万元） | 6 815 |
| 项目公司层面净利润（万元） | 20 445 |

（2）D 公司股东层面净利润测算（表 4–16）

**表 4–16　股东层面**

| | |
|---|---|
| 项目公司层面净利润（万元） | 20 445 |
| D 公司 60% 利润分配（万元） | 12 667 |
| 注：计算公式为（项目公司层面净利润 ×0.6） | |
| 项目收购溢价（万元） | 7 808 |
| 注：计算公式为［（总作价 – 有票成本）×0.6］ | |
| 利息收入（万元） | 1 241 |
| 品牌管理费收入（万元） | 2 627 |
| 利息及品牌管理费所得税（万元） | 967 |
| D 公司股东层面净利润 | 7 360 |

## 三、测算解读

（1）该项目的测算中，先测算项目公司 A 公司层面的净利润，因为包括 B、C、D 三家项目公司都是从 A 公司层面的净利润中去获利，利润总盘子是 2 亿元。当然 D 公司作为操盘方从项目公司还收取了品牌管理费，其实就是从项目公司中多提了一部分利润（管理费的 40% 部分）。

（2）溢价的梳理：D 公司收购 A 公司 60% 股权支付的溢价是 7 808 万元 [(220 × 66.74–1 669) × 0.6，估值减去有票 ]，C 公司收购 A 公司 100% 股权支付的溢价是 7 200 万元（按照评估溢价），所以等于是 C 公司什么都没做，就拿了 600 多万的现金以及 40% 的干股。

（3）利息收入：按照项目公司的资金峰值的 40% 来计息。

（4）股东投入回报：资金峰值 2.3 亿元，赚 0.74 亿元，开发周期 2.5 年，年化收益 13%，股东投入现金流回正时间 1.5 年，从投入回报以及现金流状态而言，并不算非常优质的项目。

## 四、项目探讨

（1）指标的失真性

如果用常规的［股东净利润 /（项目总销售额 × 股东权益）］来计算净利率，数字一定会很好看。但是我方出的是全部的钱，合作方一分未出，这个时候合作方的股份视同干股，此时合作方分配的利润其实也是溢价。所以这个项目的溢价是 1.6 亿元。

（2）折合招拍挂楼板价

可以计算下为了获得 7 360 万元的净利润，当收购方去市场上拍地对应的是多少有票的楼板价。算了下差不多是 2 000 元 / 平方米。

（3）这个项目有利的地方

40% 干股项目，赚的净利润每 1 元钱都要分给合作方 0.4 元；同样，每亏 1 元钱，合作方也要承担 0.4 元。所以，这种项目的盈亏平衡点的售价还是比较低的，风险是和合作方共担的。

（4）有票成本

这个项目 1 600 多万元的原始成本是不是能增值税前列支是存疑的，因为众所周知，土地款的票不是增值税票，目前只是一种简单扣除的计算方式，但是这个项目公司 A 公司的土地款都是开给母公司 B 的，以后股权转让了，这些票有可能都是废票。

（5）做税筹

这个项目公司 A 的溢价非常高，但是由于评估报告出来了，所以做税筹的空间也少了。如果评估报告没有出来，就凭 B 公司央企的身份，可以通过一级开发整理等方式不断往 A 公司里面填发票，做低溢价。

# 第四节　某复杂建设状态的收并购项目案例测算

这个案例中既有未建的净地，又有已建未售的住宅、公寓、写字楼、商业及车位等，是比较典型的复杂建设状态项目。

## 一、项目基本情况

（1）业态数据统计及项目估值

项目已建未售房屋地上建筑面积3.96万平方米，剩余净地地上建筑规模22.47万平方米，合计26.43万平方米，收购价格18.92亿元（未售房屋收购价格6.17亿元，净地收购价格12.75亿元）。如表4–17所示。

**表4–17　业态基本情况**

| 内容 | 业态 | 建筑规模/平方米 |
| --- | --- | --- |
| 未建净地 | 商品住宅及底商 | 143 517 |
| | 商办 | 81 138 |
| | 合计 | 224 655 |
| 已建未售 | 商铺 | 15 911 |
| | 文化长廊 | 10 658 |
| | 商品住宅 | 5 662 |
| | 公寓 | 7 084 |
| | 写字楼 | 293 |
| | 地下车位及储存室 | 1 288个车位，1 467个储藏室 |
| | 合计 | 39 609 |

（2）项目公司股权作价

项目交易总价款为207 835万元（剩余已建未售物业及净地收购价格189 200万元，项目公司债权18 635万元），扣除项目公司对外债务142 729万元，受让方实际支付的股权转让款为65 106万元。

这个项目较为复杂，项目公司本身也有不少对外垫款，根据转让方及受让方的协商，又核增了几笔债权，主要是已售未回款的销售款、银行按揭保证金、账面货币资金以及在交易时间节点后由受让方使用的一些其他已经由转让方支付的费用（视同垫付）。

当然本质上是因为随着洽谈的深入，市场逐渐上行，转让方希望涨价，但不好意思破坏协议合作基础，就要回点其他费用。但为了把账做平也统一算在了交易总价之中，总额是 18 635 万元。

## 二、项目测算

### 1. 已建未售物业的测算

（1）估值：已建未售部分估价 9.54 亿元（表 4–18）

表 4–18　规划指标及定价

| 产品类型 | 总面积（平方米） | 单价（元 / 平方米，万元 / 个） |
| --- | --- | --- |
| 住宅 | 5662 | 13 000 |
| 公寓 | 7084 | 12 000 |
| 商铺 | 15 911 | 18 000 |
| 文化长廊 | 10 658 | 30 000 |
| 写字楼 | 293 | 10 000 |
| 车位 | 1288 个 | 回迁房 10 万 / 个，商品房 18 万 / 个 |
| 地下储藏室 | 1467 个 | 2.47 |

（2）现房简易测算（表 4–19）

表 4–19　已建未售情况

| 测算指标 | 金额 / 万元 |
| --- | --- |
| 销售额 | 95 400 |
| 购入成本 | 61 700 |
| 营销费用 | 954 |
| 增值税附加（简易计税） | 5 342 |
| 土增税 | 10 751 |
| 所得税 | 12 528 |
| 净利润 | 4 126 |

（2）未建净地的测算

未建净地的原始土地款为 9 885 万元，摊入安置房等一级开发成本是 82 695 万元，按照 127 500 万元计价，溢价为 34 920 万元（表 4–20）。

**表 4–20　未建未售情况**

| 测算指标 | 金额 / 万元 |
| --- | --- |
| 总营业收入 | 385 883 |
| 土地成本及契税 | 92 580 |
| 建安成本 | 121 897 |
| 三费 | 19 331 |
| 增值税及附加 | 21 224 |
| 土地增值税 | 25 752 |
| 税前利润 | 105 099 |
| 所得税 | 26 275 |
| 项目公司层面净利润 | 78 824 |
| 溢价 | 34 920 |
| 股东层面净利润 | 43 904 |

（3）综合测算（表 4–21）

**表 4–21　综合测算情况**

| | 未建净地部分（亿元） | 已建未售物业（亿元） |
| --- | --- | --- |
| 销售额 | 38.6 | 9.5 |
| 项目总销售额 | 48.1 | |
| 净利润 | 4.4 | 0.41 |
| 项目总净利润 | 4.81 | |
| 项目税后销售利润率 | 10.00% | |

## 三、项目解读与探讨

（1）优先清理债权债务

项目是由城中村改造而来，非常复杂，但越是复杂的项目越要理清楚，不能搞“黑箱操作”“先拿了再说”。贴一张项目的拆迁总览表（表4–22）。

**表 4–22　拆迁背景**

| 名称 | | 一期私产 | 二期私产 | 一期产权单位 | 二期产权单位 | 合计（私产/产权单位） |
|---|---|---|---|---|---|---|
| 应拆户数 | | 1 549 | 1 192 | 16 | 66 | 2 741/82 |
| 未拆户数 | | 0 | 1 | 0 | 0 | 1/0 |
| 产权安置户数 | | 1 526 | 1 143 | 4 | 35 | 2 669/39 |
| 安置套数 | 回迁房 | 1 725 | 1 647 | 0 | 28 | 3 372/28 |
| | 商业 | 5 | 0 | 53 | 177 | 5/230 |
| | 商品房 | 1 | 0 | 0 | 0 | 1/0 |
| 安置面积（$m^2$） | 回迁房 | 136 255.05 | 131 262 | 0 | 2 892 | 267 517.05/2 892 |
| | 商业 | 611.57 | 0 | 13 628.47 | 31 884.13 | 611.57/45 512.6 |
| | 商品房 | 115 | 0 | 0 | 0 | 115/0 |
| 货币安置户数 | | 23 | 48 | 12 | 31 | 71/43 |
| 安置金额（元） | | 5 689 743.6 | 12 218 127.06 | 24 246 026.74 | 191 717 174.19 | 17 907 870.66 /215 963 200.93 |

再加上项目本身已有现房，销售额的结转以及土增税、增值税缴纳都是后需要完成的事情，必须要条分缕析地一条条梳理清楚，什么应该是转让方享有的，什么应该是受让方享有的，也要分类清楚并双方确认。

当然，很多都是财务的任务，财务的任务比较艰巨。

（2）项目公司对外的债权

项目在洽谈的时候，一般都是按照交易标的物的价值来做一个转让价格的确认，这个项目中就是两块，已建的现房价值和未建的净地价值。如果项目公司是壳公司，没有其他业务，支付给转让方的股权转让价格就等于约定的价格（已建的现房及未建的净地总价）减去项目公司所承担债务。

而这个项目因为比较复杂，有老项目的开发业务，也有对外投资。转让方就认为这些业务的盈亏应该是不属于交易标的物的，应该是结算或者收回后还给转让方。即：转让方本质上卖的是现房及土地，只是因为不能直接卖地而把公司给转让了，标的现房及土地之外的业务盈利是转让方的努力而达成的，应该由转让方拿走。

这项目最后又增加了 18 635 万元的债权，明细基本上就是按揭保证金、已售未回款的销售款、回迁房的应收购房款、代垫的各项费用、货币资金及部分可以为后续的开发建设而使用的营销及工程资金等。

虽然本质上也算商务条件，但也是合理诉求，当然协议约定一定是收款完成后才会付给转让方，而不会先行支付。

（3）已建未售物业土增税的计算方式

因为项目收购完毕的时候，前两期已开发物业的土增税尚未清算，所以采用模拟清算的方式，即视同全部销售整个项目，对已建完部分商品房进行模拟清算，收购方后续应缴纳的土增税等于计算所得总土增税减去转让方已预缴部分。

（4）项目的效果

这个项目收到还是很成功的，收下后马上就能实现现房的销售，而且因为是 2016 年春节后完成的收购，年底净地部分也能开盘销售。复盘后该项目当年的销售额将近 20 亿元，而且享受到了 2016 年房价大涨的红利，当时测算的住宅房价只有 13 000 元 / 平方米，但年底就已经涨到了 20 000 元 / 平方米。

## 第五节 某高溢价项目案例及优劣势探讨

本项目是一个典型的高溢价项目，主要探讨下税负问题，与第一章所论述的可比招拍挂楼板价做个说明，并探讨高溢价项目的比较优势。

### 一、项目基本情况

某地住宅项目，占地面积 11 万平方米（折合 165 亩），容积率 1.64，总计容建筑面积 18 万平方米。原始土地成本 44 008 万元，折合 2 442 元 / 平方米（下称“有票楼板价”）。

合作方对外的报价是 78 433 万元，折合 4 357 元 / 平方米（下称“并购名义楼板价”），溢价 34 425 万元。

周边近期可比招拍挂成交楼板价是 4 500～4 700 元 / 平方米（容积率 2.5），5 300～5 600 元 / 平方米（容积率 2.0），且均为熔断摇号。

### 二、项目测算

（1）利润计算

套入测算表，按照联排别墅 23 000 元 / 平方米，洋房 15 000 元 / 平方米，精装小高层 13 600 元 / 平方米进行测算，净利润为 3 亿元，净利率 10.4%，其中增值税及附加 1.8 亿元，土增税 3.2 亿元，所得税 2.2 亿元。看得出来，三大税加起来有 7.2 亿元，远大于项目的净利润。

（2）可比招拍挂楼板价

若要去招拍挂拿地，想赚 3 亿元净利润，在测算的规划指标、售价、成本都不变的情况下，可以拍到 11.5 亿元的总地价，折合 6 381 元 / 平方米（下称“可比招拍挂楼板价”）。即拍到 6 381 元 / 平方米仍有 3 亿元的净利润，虽然项目的容积率为 1.64，但与市面上 2.0 容积率地块的楼板价 5 300～5 600 元 / 平方米相比，也是市场价，也不见得很有吸引力。

## 三、探讨

### 1. 普遍性

投资人员在收并购工作中经常会遇到土地成本非常低，但要价非常高的土地项目，往往都被巨额的土增税、增值税、所得税所困扰，一般的关注点都集中在如何做税筹减少税额，如何逼着转让方开具合理合法的税票，如何找到房价的最优解、让土增税不要跳档上。

这个项目也比较典型，属于高溢价项目，虽然看起来便宜，但是把增值税、土增税、所得税这些因为没有土地票导致税收大幅上升的成本摊入土地成本后，基本上和市场上拍一块地也没有区别了。

### 2. 优势理由

（1）现金流好

就这个案例来说，4.4 亿元有票成本、3.4 亿元溢价，与 11.5 亿元全有票进行税费的比较如表 4–23 所示。

**表 4–23　现金流对比**

| 税负项 | “4.4 亿元有票 +3.4 亿元溢价”状态 | 11.5 亿元全有票态 | 税负差额 / 亿元 |
|---|---|---|---|
| 增值税及附加 | 1.8 | 1.1 | 0.7 |
| 土增税 | 3.2 | 0.6 | 2.6 |
| 所得税 | 2.2 | 1 | 1.2 |
| 总计 | 7.2 | 2.7 | 4.5 |

从这个意义上来说，“4.4+3.4”的方案中，在销售物业的过程中，产生的增值、土增、所得三大税要清缴的话高达 7.2 亿元，就算扣掉即期发生的预征，估计还能留下来 6 亿元左右。这笔钱其实留在公司的账上，可以视同于一大笔无息贷款，就算按照年化 10% 的利率对外放贷，一年也有 6 千万元的收入了。如果销售形势好，项目公司的富余资金

的数字会非常大，拿去做其他项目一年周转好几次，现金流状况非常好。

如果有公司能搞定长期不清算，这几笔税款甚至可以视同利润。

（2）小成本锁定土地

一般而言招拍挂项目的土地款付款时间都会比较紧，一个月内付清是常态，而这个案例的并购名义楼板价（容积率 1.64，4 357 元）低于周边可比项目（容积率 2.5，4 500～4 700 元），而且出于风控的理由可以做到分期付款。

这种高溢价的项目分期付款谈起来会相对比较容易（对于有票成本高、溢价低的项目而言），转让方在第一笔支付完成本及利息之后，一般也会同意溢价部分分期支付，比如在融资或者开盘之后，甚至也有同意一两年付清的可能性，毕竟本钱拿回来后，利润什么时候提取对转让方而言已经没那么重要了。

切入成本低意味着受让方只用很小的成本就锁定了一个项目。

（3）税筹的空间大

兜兜转转还是讲到了税筹，不是说不能做，但是要合法合规地做。高溢价项目的有票成本少，但因为有票成本少，所以往里填票的意义就很大，甚至如果能填到土增税往小了跳档，就可以大幅减少土增税的数额。

如果是有票成本很高、溢价很少的项目，做税筹其实就无所谓了，辛辛苦苦合理税务筹划，也减不了几百万元的税。

就这个案例来说，4.4 亿元有票成本、3.4 亿元溢价，如果做到 5.8 亿元的有票成本、2 亿元溢价，看看情况会如何。

**表 4–24　税筹对比**

| 税负项 | “4.4 亿元有票 +3.4 亿元溢价”状态 | “5.8 亿元有票 +2 亿元溢价”状态 | 税负差额 / 亿元 |
|---|---|---|---|
| 增值税及附加 | 1.8 | 1.7 | 0.1 |
| 土增税 | 3.2 | 2.5 | 0.7 |
| 所得税 | 2.2 | 2.1 | 0.1 |
| 总计 | 7.2 | 6.3 | 0.9 |

从表 4-24 来看，多做了 1.4 亿元的票，就可以节税 0.9 亿元，基本上努力做税筹，产出会非常好看。

（4）盈亏成本点低

高溢价项目因为税高，所以算完会发现项目要赚钱的确难度大，因为税款会上升得很快，同样，要亏也会比较难。

比如这个案例中，按照溢价收购的方式（有票 2 442 元 / 平方米，收购 4 357 元 / 平方米），房价可以打 7 ～ 7.5 折（联排别墅 16 100 元 / 平方米，洋房 10 500 元 / 平方米，精装小高层 10 200 元 / 平方米），股东方的利润还能做到不亏损。但如果是按照可比招拍挂楼板价 6 381 元 / 平方米来算，基本上房价要到 8 ～ 8.5 折（联排别墅 18 400 元 / 平方米，洋房 12 000 元 / 平方米，精装小高层 11 560 元 / 平方米），股东方的利润才能做到不亏损。

从承担市场风险的角度而言，高溢价收并购的也是有一定优势的。

## 第六节　某商业运营项目案例测算

### 一、项目基本情况

（1）项目背景

某商业项目原为政府投资建设，商业购物中心已建成，毛坯交付，总建筑面积 14.5 万平方米，横跨东、西两地块，但招商停滞。东侧部分 73 197 平方米物业政府拟寻求合作方共同招商运营。

东侧商业部分装修改造后预计得房率 55%，可租赁面积约 4 万平方米。如图 4-1 所示。

（2）合作条件

与政府平台成立合资运营公司，运营方占股 70%、政府平台占股

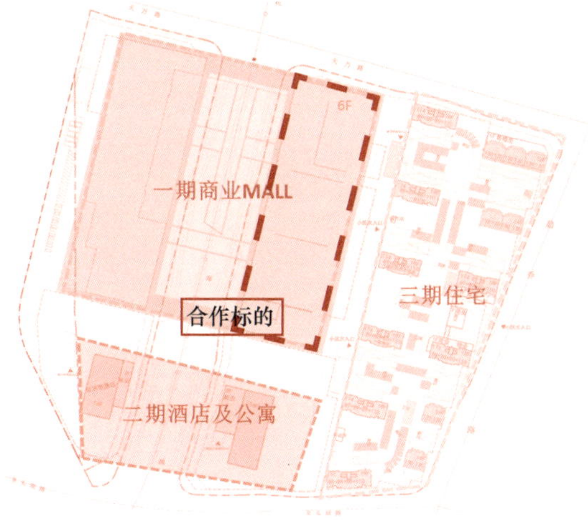


图 4–1　平面图

30%，整体包租运营东侧 Mall，运营期 15 年，约定平均租金按照 2 元 /（平方米·天）来计算，但政府提供 5 免 3 减半优惠政策，算下来期间向政府支付 4.5 亿元租金。此外，政府另提供全额装修补贴，用于改建费用。

（3）租金计费方式

原约定平均租金按照 2 元 /（平方米·天）来计算，结合政府提供的 5 免 3 减半的政策进行调整，实际操作也不能不支付租金，所以经友好协商，按照先低后高的方式进行租金计费。租金前 5 年收取 0.3 元 /（平方米·天），逐年递增，第 14 ~ 15 年租金为 2.5 元 /（平方米·天），合计总租金约为 4.5 亿元。如表 4–25 所示。

**表 4–25　租金**

| 建筑面积 | 73197 | 平方米 | 单位：万元 | | | |
| --- | --- | --- | --- | --- | --- | --- |
| 5 免 3 减半的理论租金 | | | | 友好协商后租金 | | |
| 年限 | 租金［元 /（平方米·日）］ | 免租期（月） | 年租金 | 租金［元 /（平方米·日）］ | 递增率 | 年租金 |
| 2017 | 2 | 12 | 0.0 | 0.3 | 0 | 801.5 |
| 2018 | 2 | 12 | 0.0 | 0.3 | 0 | 801.5 |

**续表**

| 建筑面积 | 73197 | 平方米 | 单位：万元 | | | |
|---|---|---|---|---|---|---|
| 5免3减半的理论租金 | | | | 友好协商后租金 | | |
| 年限 | 租金［元/(平方米·日)］ | 免租期（月） | 年租金 | 租金［元/(平方米·日)］ | 递增率 | 年租金 |
| 2019 | 2 | 12 | 0.0 | 0.3 | 0 | 801.5 |
| 2020 | 2 | 12 | 0.0 | 0.3 | 0 | 801.5 |
| 2021 | 2 | 12 | 0.0 | 0.3 | 0 | 801.5 |
| 2022 | 2 | 6 | 2 671.7 | 0.5 | 40% | 1 335.8 |
| 2023 | 2 | 6 | 2 671.7 | 0.5 | 0 | 1 335.8 |
| 2024 | 2 | 6 | 2 671.7 | 0.5 | 0 | 1 335.8 |
| 2025 | 2 | 0 | 5 343.4 | 1.2 | 58% | 3 206.0 |
| 2026 | 2 | 0 | 5 343.4 | 1.2 | 0% | 3 206.0 |
| 2027 | 2 | 0 | 5 343.4 | 2.0 | 40% | 5 343.4 |
| 2028 | 2 | 0 | 5 343.4 | 2.3 | 13% | 6 144.9 |
| 2029 | 2 | 0 | 5 343.4 | 2.3 | 0% | 6 144.9 |
| 2030 | 2 | 0 | 5 343.4 | 2.5 | 8% | 6 679.2 |
| 2031 | 2 | 0 | 5 343.4 | 2.5 | 0% | 6 679.2 |
| 合计 | | | 45 418.74 | | | 45 418.74 |

## 二、项目经营收入预测

本项目建筑面积73 197平方米，得房率55%，实际可租赁面积40 258平方米。

### 1. 租金及物业费假设

假设首年套内面积平均租金为2.3元/(平方米·天)，折合建筑面积租金约为1.2元/(平方米·天)。物业费为建筑面积计费，23元/(平方米·月)。

市场对标：周边类似的经营商业的套内经营平均租金为1.8~2.5

元/(平方米·天)。

租金细分如表4-26所示。

**表4-26 业态租金细分**

| 基础信息 | | | 业态分类 | | | | |
|---|---|---|---|---|---|---|---|
| 楼层 | 套内面积（平方米） | 铺位数 | 业态、面积(平方米)、数量(间) | | | 备注 | 租金单价（元） |
| 一层 | 5713 | 26 | 大零售 | 2 235 | 1 | 迪卡侬 | 2.5 |
| | | | 餐饮 | 1 078 | 4 | 知名连锁品牌 | 5 |
| | | | 零售 | 2 400 | 21 | | 8 |
| 二层 | 5658 | 16 | 精品超市 | 2 673 | 1 | G-SUPER | 2 |
| | | | 餐饮 | 335 | 3 | 甜品、咖啡 | 4.5 |
| | | | 儿童培训 | 1 535 | 5 | 早教、艺术、学习 | 3 |
| | | | 儿童乐园 | 684 | 1 | | 3 |
| | | | 儿童零售 | 431 | 6 | | 6 |
| 三层 | 5217 | 21 | 美食广场 | 2 455 | 1 | 档口（4大、4中、10小） | 2.5 |
| | | | 餐饮 | 1 696 | 9 | 特色餐饮 | 4 |
| | | | 零售 | 1 066 | 11 | | 4 |
| 四层 | 7350 | 14 | 娱乐 | 2 914 | 1 | 量贩KTV | 2 |
| | | | 餐饮 | 2 492 | 9 | 特色餐饮 | 3 |
| | | | 休闲体验 | 1 944 | 4 | 网咖、VR、桌球、CS镭射俱乐部 | 2.5 |
| 五层 | 8598 | 6 | 健身 | 4 558 | 1 | 含泳池及体育类业态 | 2 |
| | | | 休闲娱乐 | 1 029 | 4 | 美容SPA，瑜伽等 | 2.5 |
| | | | 公共空间 | 3 011 | 1 | 运动体验、艺术展示、文艺小店 | |

续表

| 基础信息 | | | 业态分类 | | | | |
|---|---|---|---|---|---|---|---|
| 楼层 | 套内面积（平方米） | 铺位数 | 业态、面积（平方米）、数量（间） | | | 备注 | 租金单价（元） |
| 六层 | 7 722 | 8 | 影城 | 4 801 | 1 | 9 厅 | 1.5 |
| | | | 冰场 | 1 750 | 1 | | 1 |
| | | | 餐饮 | 622 | 5 | | 3 |
| | | | 休闲娱乐 | 549 | 1 | | 2 |
| 合计 | 40 258 | 91 | | | | 平均租金：2.3［元 /（平方米 · 天）］ | |

（2）经营假设

首年设置 8 个月装修免租期，次年设置 4 个月装修免租期，假定第 6 年、第 9 年、第 11 年三个租金调整期，物业费经营期不变。

假设招商率不为 100%。

（3）收入计算

运营 15 年总租金收入 8.72 亿元，15 年总物业收入 2.67 亿元，总收入约 11.39 亿元。如表 4–27 所示。

**表 4–27　收入预测**

| 年限 | 1 | 2 | 3~5 | 6~8 | 9~10 | 11 | 12~13 | 14~15 | 总计 |
|---|---|---|---|---|---|---|---|---|---|
| 租金［元 /（平方米 · 天）］ | 1.2 | 1.2 | 1.2 | 1.7 | 2.4 | 3.3 | 4.0 | 4.7 | |
| 招商率 | 70% | 70% | 80% | 90% | 95% | 95% | 95% | 98% | |
| 实际经营面积（平方米） | 51 238 | 51 238 | 58 558 | 65 877 | 69 537 | 69 537 | 69 537 | 71 733 | |
| 免租期 | 8 个月 | 4 个月 | | | | | | | |
| 年租金收益（元） | 748 | 1 496 | 2 565 | 4 040 | 5 970 | 8 357 | 10 029 | 12 415 | 87 242 |

**续表**

| 年限 | 1 | 2 | 3~5 | 6~8 | 9~10 | 11 | 12~13 | 14~15 | 总计 |
|---|---|---|---|---|---|---|---|---|---|
| 物业费［元/（平方米·月）］ | 23 | 23 | 23 | 23 | 23 | 23 | 23 | 23 | |
| 年物业收入（元） | 1 414 | 1 414 | 1 616 | 1 818 | 1 919 | 1 919 | 1 919 | 1 980 | 26 687 |
| 总收入（元） | 2 162 | 2 910 | 4 181 | 5 858 | 7 889 | 10 277 | 11 948 | 14 395 | 113 929 |

## 三、项目运营成本预测

### 1. 总运营成本测算

**表 4–28　成本预测**

| 年限 | 1 | 2 | 3~5 | 6~8 | 9~10 | 11 | 12~13 | 14~15 |
|---|---|---|---|---|---|---|---|---|
| 日常运营（含物业） | 2 000 | 2 000 | 2 200 | 2420 | 2 541 | 2 541 | 2 541 | 2 617 |
| 推广费 | 800 | 600 | 500 | 500 | 500 | 500 | 500 | 500 |
| 一般经费 | 250 | 250 | 250 | 250 | 250 | 250 | 250 | 250 |
| 人员开支 | 800 | 800 | 800 | 800 | 800 | 800 | 800 | 800 |
| 税 | 122.17 | 164.43 | 236.23 | 330.97 | 445.72 | 580.63 | 675.07 | 813.30 |
| 年付租金 | 801.51 | 801.51 | 801.51 | 1 335.85 | 3 206.03 | 5 343.38 | 61 44.89 | 6 679.23 |
| 支出合计 | 4 773.67 | 4 615.94 | 4 787.73 | 5 636.81 | 7 742.75 | 10 015.01 | 10 910.96 | 11 659.75 |

如表 4–28 所示，其中：

（1）日常运营——包括物业公司、维修、废气处理、设备养护、共用能耗及其他等；费用根据招商开业率增长。

（2）推广费——广告促消费、演出 / 环境装饰费、其他（外包）。

（3）人员开支——包括一个 50 人的成熟运营团队。

（4）税费——暂按增值税计算，运营收入 ×5%。

（5）年付租金——按照 2 元 /（平方米 · 天）计算，总支付租金 4.5 亿元，前 5 年免租，第 6~8 年租金减半（详见费用明细）。

（6）一般经费——不可预见费用。

2. 租金成本

前五年约为每年 801.5 万元，15 年总租金成本为 45 418.7 万元，见前文。

3. 日常运营维护（含物业）成本明细

包括日常维修、能耗、人工成本、第三方委外服务、不可预见费用等。明细如表 4–29 所示。

**表 4–29　维护成本**

| 费用名称 | 年度金额（万元） | 备注 |
| --- | --- | --- |
| 人工成本 | 1 200 | 物业公司配备的约 160 人团队，含秩序维护、车辆引导、保安保洁、工程维修等 |
| 工具、设备、耗材 | 48 | 安保工具、保洁设备、易耗品、清洁品等 |
| 第三方委外服务 | 230 | 电梯维护、空调系统维护、外墙清洁、化粪池清洁等 |
| 能耗（包含水、电） | 500 | 配电系统、消防系统、智能化系统、给排水系统、电梯系统、空调系统等的公共能耗 |
| 公众责任险 | 2 | 按 1 000 万元保额：20 000 元 / 年 |
| 不可预计费 | 20 | 按费用总额的 1% 计算 |
| 总计 | 2 000 | |

4. 推广费用成本明细

假设：①每年常规 6 场大型节庆主题活动，单场预算 80 万元，共计 480 万元；②每年 12 场小型活动，单场预算 10 万元，共计 120 万元；③外场氛围包装，包含首年开业活动预算约 200 万元。明细如表 4–30 所示。

表 4-30 推广成本

| 时间 | 1月 | 2月 | 3月 | 4月 | 5月 | 6月 | 7月 | 8月 | 9月 | 10月 | 11月 | 12月 |
|---|---|---|---|---|---|---|---|---|---|---|---|---|
| 活动内容 | 春节主题（一级事项） | 小活动 | 三八节 | 端午节活动 | 劳动节促销（一级事项） | 六一儿童节活动 | 暑期活动 | 夏季促销 | 中秋活动（一级事项） | 国庆活动（一级事项） | 圣诞，元旦氛围布置 | 圣诞活动（一级事项） |
| 费用 | 80万元 | 10万元 | 10万元 | 10万元 | 80万元 | 10万元 | 10万元 | 10万元 | 80万元 | 80万元 | 10万元 | 80万元 |
| 活动内容 | | 小活动 | | | | | 小活动 | 小活动 | 开学活动 | | 美食节主题活动 | 元旦活动（一级事项） |
| 费用 | | 10万元 | | | | | 10万元 | 10万元 | 10万元 | | 10万元 | 80万元 |
| 合计 | 80万元 | 20万元 | 10万元 | 10万元 | 80万元 | 10万元 | 20万元 | 20万元 | 90万元 | 80万元 | 20万元 | 160万元 |

## 四、项目运营收益预测

运营期间，运营公司总获得租金和物业收入共11.4亿元，总运营成本11.1亿元，其中包括支付给政府的4.5亿元租金［年平均租金2元/（平方米·天）］，运营期总利润2 624万元，将15年运营利润按照10%折现率计，净现值-2 474万元，项目IRR为3%，资金缺口峰值为6 137万元。如表4-31所示。

表 4-31 运营收益 （单位：万元）

| 年限 | 1 | 2 | 3 ~ 5 | 6 ~ 8 | 9 ~ 10 | 11 | 12 ~ 13 | 14 | 15 | 总计 |
|---|---|---|---|---|---|---|---|---|---|---|
| 年总收入 | 2 162 | 2 910 | 4 181 | 5 858 | 7 889 | 10 277 | 11 948 | 14 395 | 14 395 | 113 929 |
| 年总支出 | 4 774 | 4 616 | 4 788 | 5 637 | 7 743 | 10 015 | 10 911 | 11 660 | 11 660 | 111 305 |
| 年利润 | -2611 | -1 706 | -607 | 221 | 146 | 262 | 1 037 | 2 735 | 2 735 | 2 624 |

## 五、商业改造成本

表 4–32　改造成本

| 序号 | 项目 | 费用（万元） | 地上建筑面积单方（元 / 平方米） | 备注 |
| --- | --- | --- | --- | --- |
| 一 | 建安工程费 | 15 927 | 2 437 | 公区装修、结构及设备改造、外立面及景观提升、施工措施等 |
| 二 | 前期工程费 | 163 | 25 | 仅考虑临设、围墙等 |
| 三 | 设计费 | 1 065 | 163 | 加固设计、装修设计 |
| 四 | 商管费用 | 180 | 28 | 商业前期咨询费 |
| 五 | 开发间接费 | 332 | 51 | 仅考虑投资监理、施工监理 |
| 六 | 不可预计费 | 530 | 81 | 一至五项合计 3% |
| | 小计 | 18 198 | | |
| 七 | 营销费 | 0 | 0 | 未考虑 |
| 八 | 管理费 | 273 | 42 | 按 1.5% |
| 九 | 财务费用 | 2 184 | 334 | 贷款利率 6%，期限 2 年 |
| | 合计 | 20 655 | 3 160 | |
| 十 | 商管确认费用 | 5 000 | 765 | 1 200 万元冰场费用、1 800 万元电影院装修、2 000 万元零售主力店装修补贴 |
| 十一 | 总计 | 25 655 | 3 925 | |

如表 4–32 所示，商业从毛坯改造成装修好的状态，基本上要继续投入 2 500 元 / 平方米左右的公区装修及设备成本，招商的费用也需要将近 1 000 元 / 平方米。

土建安装的明细如表 4–33 所示。

表 4–33　土建成本明细

| 序号 | 项目 | 费用（万元） | 计容单方成本（元 / 平方米） | 涉及范围 |
| --- | --- | --- | --- | --- |
| 一 | 土建部分 | 11 441 | 1 750 | |
| 1 | 精装修 | 7 901 | 1 209 | 大堂、商业及后勤走道、地上及地下电梯厅、轿厢、卫生间、楼梯间及设备间 |

续表

| 序号 | 项目 | 费用（万元） | 计容单方成本（元/平方米） | 涉及范围 |
|---|---|---|---|---|
| 2 | 土建改造 | 768 | 117 | 楼梯间移位及租户隔墙 |
| 3 | 防火区改造 | 666 | 102 | 全新设置 |
| 4 | 结构拆除及加固 | 910 | 139 | 梁柱板加固、楼板拆除、楼梯拆除及新增、游泳池新增 |
| 6 | 景观改造 | 240 | 37 | 室外南、西、北侧入口景观 |
| 7 | 外立面改造 | 957 | 146 | LED 屏（非透明屏）、广告位、LOGO 设置及对原幕墙的改造及修复 |
| 二 | 安装部分 | 4 486 | 686 | |
| 1 | 水电安装工程 | 1 159 | 177 | 涉及电气工程增加变压器、水工程增加给排水管道及相应的拆除费用 |
| 2 | 设备安装工程 | 2 092 | 320 | 包含空调、消防、泛光、隔油池、扶梯等的拆除及安装等费用 |
| 3 | 配套工程 | 490 | 75 | 含室外雨污水、燃气、智能化等安装等费用 |
| 4 | 小业主户内部分 | 745 | 114 | 泳池、电影院 |
| 三 | 合计（一 + 二） | 15 927 | 2 437 | |

## 六、项目解读与探讨

（1）这个项目是一个非常典型的商业改造及运营的项目，可以看到这个项目 15 年的运营成本为 11 亿元，租金成本就占了 40%，最终的利润也比较薄，净现值甚至为亏。但对于政府而言，虽然累计 25 年拿走了 4.5 亿元租金收入，但装修上还要补贴 1.6 亿元，算上财务费用，其实也就是保本，当然如果要分摊商场的土建费用的话，那一定是要倒贴钱了。

对这个项目而言，运营方其实是亏的，而且测算相对较为乐观，毕竟测算的租金涨幅后面几年跳得很快，租金如果不这么跳点账面就会亏损，但实现有不确定性；业主方其实也没赚什么钱，毕竟考虑到装修上还要投入，租金有5免3减半优惠政策，回收也慢。

商业的确是比较难做，政府扛得起，愿意为了盘活资产找合作方，但如果是企业，就难受得很，单纯靠租金收入的话盈利能力非常弱。

回到这个项目，如果不是因为有其他项目做搭配捆绑，单单按接手这个项目的运营来做评估，一定是要继续和政府谈调整租金的。

（2）这个项目也是一个非常典型的轻资产运营项目，对于运营方而言，这个条件前期租金支出压力非常小，而且成本开支非常大的公区装修、设备费用等部分都由政府来承担。其只要承担设计、主力店装修补贴等成本就行，压力还是可控的。

## 第七节　郑州某棚户区改造项目案例测算

这个项目是2016年郑州某棚改项目的操作，现在还有些历史遗留的城中村改造是这么算的，虽然政策在不断变化，但测算的逻辑本节的案例还是能反映的。

### 一、项目基本情况

#### 1. 项目指标

项目共计60.7亩，开发区占地45.9亩，安置区占地14.8亩，占地安开比为1∶3.1；可售面积18.84万平方米，安置面积6.5万平方米，可售面积与安置面积安开比为1∶2.9。具体指标如表4–34所示。

表4–34　项目指标

| | 开发区地块 | 安置区地块 | 汇总 |
|---|---|---|---|
| 土地面积（亩） | 45.9 | 14.8 | 60.7 |
| 容积率 | 6.2 | 6.6 | 6.3 |

续表

| | 开发区地块 | 安置区地块 | 汇总 |
|---|---|---|---|
| 地上建筑面积（万平方米） | 19.09 | 6.5 | 25.6 |
| 住宅（万平方米） | 5.58 | 4.5 | 10.1 |
| 类住宅公寓（万平方米） | 4.64 | | 4.6 |
| 办公（万平方米） | 5.94 | 2 | 7.9 |
| 商业（万平方米） | 2.68 | | 2.7 |
| 配套设施（万平方米） | 0.25 | | 0.25 |

## 2. 项目土地成本

经测算，项目实际地价为 2 320 万 / 亩，包含项目整体的拆迁补偿安置费用以及安置房的建设费用，土地成本分为三块，土地挂牌价、拆迁补偿费用以及安置区建设费用。

（1）土地挂牌价按照区域基准评估价格确定。若按 1 000 万 / 亩，土地摘牌价为 60.73 × 1 000=60 730 万元。

（2）拆迁补偿费用为 57 775 万元。但按照《郑州市人民政府办公厅关于印发郑州市中心城区储备土地成本核算管理办法（暂行）的通知》的规定，项目摘牌价有 65% 可返还，扣除 65% 土地款返还 60 730 × 65%=39 475 万元，该部分费用 18 301 万元。

57 775 万元的费用明细如下：

a. 已支付及尚未兑付拆迁补偿款共计 45 000 万元。

b. 过渡费为 6 175 万元。

注：一年过渡费约 950 万元，区政府从 2014 年 11 月开始已支付过渡费，截至签订协议时点已支付 1 年半，按照 2017 年 6 月拿地，到 2020 年 6 月才能回迁，还需一年半不翻倍（2016 年 6 月至 2017 年 12 月），两年半翻倍（2017 年 12 月至 2020 年 6 月），所以为 950 × 1.5+950 × 2 × 2.5=6 175 万元。

c. 搬迁费、临时安置费、地下光缆费等为 6 000 万元。

注：其中搬迁费等不超过1 000万元，地下光缆等特殊设备费不超过5 000万元。

d. 未签协议的其他动迁户预估为600万元。

综合上述四条，项目拆迁安置补偿费用（不含安置区建设费用）总共计：45 000+6 175+6 000+600=57 775万元。

（3）安置区建设费用：27 454万元。

（4）项目总成本：60 730+18 301+27 454=106 485万元。开发区每亩实际成本为：106 485/45.9=2 320万/亩，楼板价5 578元/平方米。

### 3. 项目土地出让计划

项目后期要进行总规调整，区政府编制总规调整方案，报市政府批复，批示后规划局公示(预计调整完成整体时间为6个月)；控规可在总规调整期间同步编制，总规公示完成后，土地收储工作（按照郑州市一般收储时间预计2个月），组卷报批（按照郑州市一般组卷报批预计2个月），挂牌摘牌（郑州市国土局土地挂牌法定时间1个月）。

## 二、项目测算及探讨

一二级联动项目难点是在土地成本的确认，土地成本确认之后，测算上还是比较常规的。

这个案例对土地成本的处理方式，其实有两点可以借鉴。

（1）返还款的处理方式

按照《郑州市人民政府办公厅关于印发郑州市中心城区储备土地成本核算管理办法（暂行）的通知》的规定，项目摘牌价有65%可返还。

但是返还款在测算表中如何体现是有争议的。有一种算法是计入营业外收入，并在最终测算时扣税，也有一种算法是做冲减土地拆迁补偿款处理。

这个项目最终的测算方式是冲减了土地拆迁补偿款。

（2）土地成本的不锁定

一级整理方负责项目范围内土地一级开发整理、规划设计、安置房建设，承担相关费用，政府负责项目拆迁安置补偿工作。

土地成本的三个组成部分都存在不确定性：①根据工作计划，1 年之后项目地块才能挂牌出让，挂牌价格由于基准地价或片区评估地价可能的调整，存在不确定性；②拆迁补偿费用由于项目尚未拆迁完毕，过渡费、拆迁费等仍有可能会进一步提高，存在不确定性；③由于地块安置房的户型面积尚未确定，实际搬迁可能出现安置面积变大的情况，安置面积也存在不确定性，所以安置房建设费用也存在不确定性。

所以，土地成本在一二级联动项目获取阶段也有较大的不确定性。

## 第八节　某大型资产包项目案例测算

该项目是 2013 年年初做的一个集团上市公司级的并购项目，收购的资产包括 12 个项目，分散在上海、苏州、无锡、昆明和海口等地，总可售货值约 266 亿元，可售住宅的比例达到 75% 以上。投资部门在大型资产包收购项目中的分工，除了牵头洽谈、协调跟进外，最主要的技术活就是对所并购的资产进行价值评估，本节讲述下大型资产包的资产价值评估是如何做的。

### 一、资产包价值评估原则

资产评估的核心是评估原则，不同评估原则下评估出来的结果是不一样的，有些激进，有些保守。比如开发商去参加招拍挂拿地所评估出来的结果肯定和银行做抵押融资所评估出来的结果不一样，前者就是市场价值，后者是抵押价值。确定合适的评估原则，对于资产包项目非常重要。

（1）各项目按剩余可售面积进行测算，倒推地价

由于所收购资产包的大多数项目正在开发过程中，且评估给的时间大多不宽裕，难以通过短时间的尽调得到准确的成本、开发进度等信息。故一般按照已提供的资料，利用剩余可售面积（总计容可售面积减去已销售面积）推算合理的地价。

这里要说明的是，虽然有些项目已经处于在建工程状态，但是由于项目的增值或者减值大多都是土地承担的，即土地发生了增值或减值，工程成本上面一般维持原值。所以一般对项目估值，都是先评估土地价值，在建工程的价值就是土地价值加上工程成本。

（2）持有资产部分的评估对象以已建成为主，不计待建持有资产价值

由于在建项目中，方案及开发进度尚未确定，以及可以调整方案等原因，未建成的项目中保留资产一律不计算资产价值，并折入评估地价中。仅对已建成的酒店、会所、商业等明确保留经营资产的部分，考虑其土地和房产一并评估其价值。

（3）地价评估方法

以具体项目的剩余可售面积为测算对象，结合该公司的方案定位与市场情况，按受让方公司常规成本进行地价测算。测算评估方法上较为保守，考虑土地增值税实际征收，按项目优劣，按照销售利润率10%~15%进行倒推。

采用评估土地价格的方式，而不是考虑评估货值的方式，主要是因为在标的资产包的溢价增值上主要是体现为土地价值较原始拿地成本的增长，所以计算出评估地价后，再与转让方原始的土地成本相比，可以评估合理的收购溢价。

## 二、资产包价值评估过程

确定了评估方法之后，后续过程就相对比较简单，其实就是列表计算。主要有两张报表。

### 1. 项目基本情况汇总表

**表 4–35　项目指标**

| 项目基本情况 | | | | | | | | | | | | | | |
|---|---|---|---|---|---|---|---|---|---|---|---|---|---|---|
| 城市 | 项目名称 | 取得时间 | 性质 | 占地 | 建筑面积 | 产品配比（%） | | 不可售 / 持有型面积 | 剩余可售面积 | 土地原始楼面价 | 总土地地价款 | 已支付土地款 | 未支付土地款 |
| | | | | | | 住 | 商 | | | | | | |

如表 4–35 所示，这张表主要是对资产包中所有的项目进行登记确认，重点确认：①剩余可售面积，这个指标是估价基础；②不可售 / 持有型面积，这个指标是确认项目中的不可售与自持的情况，含已建成的资产与未建的自持土地相应指标；③未支付土地款，这个指标肯定要从估值中扣除。

### 2. 项目估值情况汇总表

**表 4–36　估值汇总**

| 项目估值情况 | | | | | | | | | | | | | | |
|---|---|---|---|---|---|---|---|---|---|---|---|---|---|---|
| 城市 | 项目名称 | 建筑面积 | 不可售 / 持有型面积 | 剩余可售面积 | 剩余可售面积对应原始地价 | 未售、待开发可售存货价值 | | | 已建成保留资产 | 测算的剩余土地价值 | | | |
| | | | | | | 住 | 商 | 总计 | | 总价 | 评估楼板价 | 原始楼板价 | 溢价 |

如表 4–36 所示，这张表就非常直观地把项目的主要情况都展示出

来了，从而我们可以做该集团公司的土地储备结构分析与土地储备价值分析。

（1）土地储备结构分析（示例）

该公司剩余可售总建筑面积共计约290万平方米（含未开发土地），可售货值约计266亿元，可售住宅比例约为75%。

该公司1998年开发第一个项目上海××项目以来，至今共在上海开发体量达到184万平方米，目前均已至尾盘状态，剩余可售建筑面积约为6万平方米。2006年以来，该公司积极拓展二三线城市，并尝试旅游地产与商办物业的开发。

目前，其在二三线城市的主要储备为：××，可售建筑面积约20万平方米；××，可售面积约41万平方米；××，可售面积约29万平方米；××，可售面积约7.5万平方米。在旅游地产方面，××拥有可售面积约100万平方米，××拥有可售面积约65万平方米。

（2）土地储备价值分析（示例）

根据提供的数据进行地价折算，剩余可售面积对应的土地原始成本约为44.6亿元。根据评估，剩余土地估值约为60.3亿元，溢价约为16亿元。根据估计，其中价值量较大的项目为××等项目，其中××项目因拿地价格较高，剩余土地价值经评估低于原始地价。

## 三、项目探讨

（1）一般而言，大型资产包的估价只适用于内部评估，影响价格的因素会非常多。就本项目而言，最终的收购成交价格较内部估值高得多，这是因为，最后的成交价格还要考虑到：①收购项目为港股上市公司；②竞争者众抬高溢价；③土地储备及销售额的贡献能力；④融资筹划的深度。当然上述几个理由都是扰动项，根本还是要对资产包的基石资产——土地资产的价值进行确认，毕竟收购一家房地产公司，一般不是为了买壳，而是为了买地。

（2）要注意其他部门对资产理解的偏差。这个项目印象最深的地方，就是汇丰也做过财务评估报告，大部分项目与受让方的理解都差不多，但是对一宗位于内陆四线城市郊区的3 500亩旅游项目用地发生了重大的偏差，这个项目是转让方花5万～20万元/亩不等的价格购置，对于受让方的理解而言，那个城市市场非常差，土地零地价都要考虑下。但汇丰评估认为，因为项目体量大，打造标准高，汇丰给的估值后期甚至达到了10 000元/平方米的价格，造成这个项目的估值占了全盘估值非常大的比重，也是后期利润最大的来源，与事实并不相符。

# 第五章 交易架构案例

## 第一节　某项目不断调整交易结构达成共赢

### 一、项目背景

项目所在区位价值潜力高，且地块已取得土地证、用地证及工规证，属于收购后可快速开发销售的项目。

项目公司注册资本 10 000 万元，实收 10 000 万元，项目公司账面净资产为 9 521 万元，项目土地款含税费约 2.4 亿元，除地价外其他投入约 0.4 亿元，另有约 0.8 亿元的股东借款财务费用。转让方对于项目公司的投入为 1 亿元注册资本，约 2.6 亿元股东借款。

转让方诉求：①项目占地 100 亩，转让方对土地估值的心理预期为 800 万元 / 亩（共 8 亿元，50% 对价 4 亿元）；②转让方资金需求约 3 亿元，在交易阶段需获得 3 亿元；③不是全部出售，仅出让 50% 股权；④转让方不放弃对项目方案、成本及销售定价等重要事项的掌控权。

项目总共谈了 5 轮，才基本谈定较为合理的双赢的交易架构。

## 二、第一次洽谈的交易结构

### 1. 交易方案

（1）收购方式

增资扩股。

（2）交易模式

受让方增资获取50%股权，受让方操盘、并表，酒店部分由转让方持有，受让方负责建设管理，并在转让方需要时引入酒店管理公司。融资按照股权比例提供担保。

（3）交易方案

①受让方增资5.4亿元，其中1亿元为注册资本金，剩余4.4亿元为资本公积。②增资款偿还项目公司2.6亿元股东借款后，剩余2.8亿元按股权比例分配，受让方实际投入4亿元。③待项目融资后，受让方和转让方按照股权比列分配剩余的可用资金。

（4）受让方收益

受让方收益 = 模拟总货值 ×10%× 股权比例（即50%）。受让方收益具有优先分配权。

（5）受让方退出

a. 退出时点

①目标项目完成竣工备案并达到交付条件；②已销售的计容可售物业面积达总计容可售物业面积（不含酒店）的90%；③已结清由受让方提供担保的借款；④完成对受让方的利润分配。

b. 回购价

等于受让方的投入资金和受让方未收回的股东借款，受让方从项目公司调配使用的资金（如有）可以与收购价进行等额冲抵。

### 2. 交易方案的溢价计算

（1）方案目的

该方案主要是为了满足转让方 4 亿元出售 50% 股权的要求，通过增资，受让方以 4 亿元的实际投入最终成为项目公司占股 50% 的股东。转让方拿走 4 亿元（2.6 亿元股东借款偿还及 1.4 亿元的富余资金分配）。

（2）方案的溢价计算

50% 股权增资扩股投入的金额为 54 000 万元，项目公司账面净资产 9 521 万元，增资后的账面净资产 63 521 万元，受让方对应享有的权益为 31 761 万元，受让方的股权溢价为 22 239 万元（54 000–31 761=22 239）。

（3）方案存在的问题

a. 交易操作性问题

该方案是模拟清算退出，并获取 10% 的收益，按理说高额溢价对受让方其实问题不大，只是一个成本计算科目，后面都会在转让方回购的时候还给受让方。

但是经过计算，该项目的净利润仅为 2.21 亿元，分配完受让方应得的模拟清算利润（0.9 亿元）后，转让方仅剩余利润 1.31 亿元，而回购需要支付 2.2 亿元溢价（与受让方前期收购转让方溢价一致），在项目结算的状态下回购，对于转让方而言账面要倒贴 0.9 亿元，并无吸引力，未来履约具有一定的不确定性。

b. 资金峰值问题

该方案中第一笔投入需要 5.4 亿元，资金峰值较大，也需要优化。

## 三、第二次洽谈的交易结构

### 1. 交易方案

（1）收购方式

增资扩股。

（2）交易模式

受让方增资获取 50% 股权，受让方操盘、并表，酒店部分由转让方持有，受让方负责建设管理，并在转让方需要时引入酒店管理公司。融资按照股权比例提供担保。

（3）交易方案

①受让方增资 4.2 亿元，其中 1 亿元为注册资本金，剩余 3.2 亿元为资本公积。②增资款偿还项目公司 1.8 亿元股东借款后（扣除前期投入资金成本约 8 千万元），剩余 2.4 亿元按股权比例分配，受让方实际投入 3 亿元。③待项目融资后，受让方和转让方按照股权比列分配剩余的可用资金。

（4）受让方收益

受让方收益 = 模拟总货值 ×10%× 股权比例（即 50%）。受让方收益具有优先分配权。

（5）受让方退出

a. 退出时点

①目标项目完成竣工备案并达到交付条件；②已销售的计容可售物业面积达总计容可售物业面积（不含酒店）的 90%；③已结清由受让方提供担保的借款；④完成对受让方的利润分配。

b. 回购价

等于受让方的投入资金和受让方未收回的股东借款，受让方从项目公司调配使用的资金（如有）可以与收购价等额冲抵。

## 2. 交易方案的溢价计算

（1）方案目的

第二轮洽谈后，转让方同意将交易价格降低（毕竟是模拟清算退出，并不影响最终利润），满足 3 亿元资金需求即可。转让方拿走 3 亿元（1.8 亿元股东借款偿还及 1.2 亿元的富余资金分配）。

（2）方案的溢价计算

50% 股权增资扩股投入的金额为 42 000 万元，项目公司账面净资产 9 521 万元，增资后的账面净资产 51 521 万元，受让方对应享有的权益为 25 761 万元，受让方的股权溢价为 16 239 万元（42 000–25 761=16 239）。

（3）方案存在的问题

第二稿方案比第一稿方案已经有了大幅的优化，核心是转让方愿意在交易时拿走的钱从 4 亿元降低至 3 亿元，但是仍存在第一稿方案提出的两个问题。

## 四、第三次洽谈的交易结构

### 1. 交易方案

（1）收购方式

股权收购。

（2）交易模式

受让方收购获取 80% 股权，受让方操盘、并表，酒店部分由转让方持有，受让方负责建设管理，并在转让方需要时引入酒店管理公司。融资按照股权比例提供担保。

（3）交易方案

①项目公司 80% 股权转让总对价计为 2.88 亿元，其中股权价格 0.8 亿元、债权价格 2.08 亿元。②融资拟 4 亿元，受让方调用 2 亿元，转让方调用 1 亿元，剩余 1 亿元用于项目开发。

（4）受让方收益

受让方收益 = 模拟总货值 ×10%× 股权比例（即 50%）。受让方收益具有优先分配权。

（5）受让方退出

a. 退出时点

①目标项目完成竣工备案并达到交付条件；②已销售的计容可售物业面积达总计容可售物业面积（不含酒店）的 90%；③已结清由受让方提供担保的借款；④完成对受让方的利润分配。

b. 回购价

等于受让方的投入资金和受让方未收回的股东借款，受让方从项目公司调配使用的资金（如有）可以与收购价等额冲抵。

### 2. 交易方案的溢价计算

（1）方案目的

为了减少受让方的实际投入，受让方提出了股权转让的方案，收购 80% 股权，总价 2.88 亿元，基本满足转让方 3 亿元的资金需求。

（2）方案的溢价计算

项目公司账面净资产 9 521 万元，80% 的权益部分为 7 617 万元，按照 8 000 万元收购，溢价为 383 万元。

（3）方案存在的问题

该方案是受让方单方面提出来的，无论从投入的金额还是溢价都完美地解决了第一次和第二次洽谈的顾虑，可以说是无限接近转让方要求的最低限又满足受让方小投入的要求。

但是这个方案转让方思考再三之后还是拒绝了，主要是因为他只留下 20% 的股权，意味着失去了对项目方案、成本及销售定价等重要事项的掌控权。

## 五、第四次洽谈的交易结构

### 1. 交易方案

（1）收购方式

增资扩股。

（2）交易模式

受让方增资获取50%股权，受让方操盘、并表，酒店部分由转让方持有，受让方负责建设管理，并在转让方需要时引入酒店管理公司。融资按照股权比例提供担保。

（3）交易方案

①受让方增资3.4亿元，其中1亿元为注册资本金，剩余2.4亿元为资本公积。②增资款偿还项目公司2.6亿元股东借款后，剩余0.8亿元按股权比例分配，受让方实际投入3亿元。③预计项目融资4亿元，受让方优先调用2亿元，转让方调用1亿元，剩余1亿元用于项目开发。④项目销售正现金流后，先还股东借款，富余资金先调配给受让方使用直至受让方调用的资金达到受让方投入总额，剩余资金直至分配利润时双方不再调用。

（4）受让方收益

受让方收益=模拟总货值×10%×股权比例（即50%）。受让方收益具有优先分配权。

（5）受让方退出

a. 退出时点

①目标项目完成竣工备案并达到交付条件；②已销售的计容可售物业面积达总计容可售物业面积（不含酒店）的90%；③已结清由受让方提供担保的借款；④完成对受让方的利润分配。

b. 回购价

等于受让方的投入资金和受让方未收回的股东借款，受让方从项目公司调配使用的资金（如有）可以与收购价等额冲抵。

### 2. 交易方案的溢价计算

（1）方案目的

第三轮洽谈后，双方明确股权比例还是确认为50%：50%，转让方也明确满足 3 亿元资金需求即可。双方再次洽谈以增资扩股的模式来做该项目，此时为了减少股权投入，做大债权投入，所以将转让方计入项目公司成本的资金成本约 8 千万元重新纳入交易中来，转让方拿走 3 亿元（2.6 亿元股东借款偿还及 0.4 亿元的富余资金分配）。

（2）方案的溢价计算

50% 股权增资扩股投入的金额为 34 000 万元，项目公司账面净资产 9 521 万元，增资后的账面净资产 43 521 万元，受让方对应享有的权益为 21 760 万元，受让方的股权溢价为 12 240 万元（34 000–21 760=12 240）。

（3）方案存在的问题

a. 交易操作性问题——利润

经过计算，该项目的净利润仅为 2.21 亿元，分配完受让方应得的模拟清算利润（0.9 亿元）后，转让方剩余利润 1.31 亿元，而回购需要支付 1.22 亿元溢价（与受让方前期收购转让方溢价一致），转让方有动力回购来完成交易。

b. 交易操作性问题——现金流

项目在开发经营到回购阶段，即受让方退出时间节点时，项目公司内是否有充足的现金，来支持转让方回购受让方的股权。

项目公司资金流入：销售回款 16.67 亿元 + 转让方投入 3.53 亿元 + 受让方增资投入 3.4 亿元 =23.6 亿元。

项目公司现金流出：（项目总投入 16 亿元 – 后续工程款和费用 0.38 亿元 – 后续清缴土地增值税和所得税 1.57 亿元）+ 转让方交易阶段提取 3 亿元 + 融资后受让方提取 2 亿元 + 融资后转让方提取 1 亿元 =20.05 亿元。

回购需要现金：增资款 3.4 亿元 – 受让方已分配 2 亿元 + 受让方应分配利润 0.9 亿元 =2.3 亿元。

资金缺口：项目公司在受让方退出的时间节点上的现金流为 3.55

亿元，大于回购需要的现金 2.3 亿元，但考虑到后续的税费 1.57 亿元需要清缴，需要留足资金，所以仍有一定的疑虑，可以继续优化。

## 六、第五次洽谈的交易结构（定稿）

### 1. 交易方案

（1）收购方式

股权收购。

（2）交易模式

受让方收购 50% 股权，受让方操盘、并表，酒店部分由转让方持有，受让方负责建设管理，并在转让方需要时引入酒店管理公司。融资按照股权比例提供担保。

（3）交易方案

①受让方 4761 万元购买原股东 50% 股权，无股权溢价。②受让方向项目公司提供股东借款 2.5 亿元，用于置换转让方通过债权投入的 2.5 亿元。至此，受让方通过债权对项目公司投入 2.5 亿元，而转让方获得 2.98 亿元。③项目公司获得融资后，先行偿还受让方 2 亿元。④项目销售正现金流后，优先偿还受让方 0.98 亿元，富余资金双方可按股比调用。

（4）受让方收益

受让方收益 = 模拟总货值 ×10%× 股权比例（即 50%）。受让方收益具有优先分配权。

（5）受让方退出

a. 退出时点

①目标项目完成竣工备案并达到交付条件；②已销售的计容可售物业面积达总计容可售物业面积（不含酒店）的 90%；③已结清由受让方提供担保的借款；④完成对受让方的利润分配。

b. 回购价

等于受让方的投入资金和受让方未收回的股东借款，受让方从项目公司调配使用的资金（如有）可以与收购价等额冲抵。

### 2. 交易方案的溢价计算

（1）方案目的

为了进一步优化交易方案，在满足给转让方 3 亿元不变的基础上，尽可能减少交易操作性实现的难度，以及对受让方支付资金的压力。

（2）方案的溢价计算

项目公司账面净资产 9 521 万元，50% 的权益部分为 4 761 万元，按照 4 761 万元平价收购，溢价为 0。其余为公司债务的偿付，且由于受让方在公司治理架构中具有控制权，不存在财务资助的问题。

## 七、探讨

（1）该项目本质上是一个固定收益的项目，受让方的收益始终是（模拟总货值 ×10%× 股权比例），项目多赚的部分都是转让方的。当然也决定了谈判的根本走向: ①转让方不会放弃项目的控制权; ②转让方在满足其核心诉求（3 亿元资金）的基础上，不反对任何财务处理方式。

（2）五种交易模式，都是在不断的优化过程中，核心是减少受让方的投入金额，降低回购退出的履约难度，通过项目交易结构的设计来规避转让方违约的可能性，也降低一旦转让方违约后受让方的受损成本。

（3）最终的交易结构中，受让方的投入产出情况是，投入 3 亿元，收益 0.9 亿元，但由于融资回款及销售回款优先偿还受让方的借款，满足了受让方的现金流优先回正，其实真实的年化回报还是非常高的。

# 第二节　某项目如何从获取信息到搭建交易架构

## 一、项目背景

地块一与地块二为连体地块，其中地块一是开发商 A 于 2014 年 3 月获取，地块二是开发商 B 于 2013 年 8 月获取，但是开发商 A 向开发商 B 发出收购要求，并溢价 1763 万元，交易已支付一部分金额。开发商 A 现决定将地块一与地块二打包对外转让。如表 5–1 所示。

表 5–1　项目状态

| 土地名称 | 占地面积（平方米） | 土地获取时间 | 原始地价（元） | 证照获取情况 | 施工进展 | 股东 | 股本（元） | 占比 | 股权说明 |
|---|---|---|---|---|---|---|---|---|---|
| 地块一 | 10.2 万 | 2014.3 | 8.5 亿 | 欠 2 亿元土地款及 1 亿元滞纳金，未获取任何证照 | 总包进驻、部分桩基础已完工，预估工程产值 6 000 万元，费用 3 000 万元 | 开发商 A | 2 550 万 | 51% | 开发商 A51% 股权已质押给资金方 A，贷款 7.4 亿元，预估资金利息 1.4 亿元 |
| | | | | | | 资金方 A | 2 450 万 | 49% | |
| | | | | | | 合计 | 5 000 万 | 100% | |
| 地块二 | 2.6 万 | 2013.8 | 1.5 亿 | 土地款已付清已取得土地证 | 总包进驻，尚未动工，预估工程及费用投入 400 万元 | 开发商 A | 2 700 万 | 21.26% | 2015 年 2 月，开发商 A 与开发商 B 签订股权转让协议溢价 1763 收购地块二项目公司 100% 股权，交易进行中 |
| | | | | | | 开发商 B | 5 000 万 | 78.74% | |
| | | | | | | 个人 A | 3 000 万 | | |
| | | | | | | 个人 B | 2 000 万 | | |
| | | | | | | 合计 | 12 700 万 | 100% | |

## 二、报价、初步试算及难点评估

### 1. 试算

开发商A初始报价两宗地打包14亿元，按此测算，两宗地共计产生净利润3.07亿元，销售净利润率7.25%。

为了满足8%净利率要求，受让方的还价约为13.6亿元。

### 2. 初步评估的交易难点

（1）开发商A的51%股权已质押给资金方A，收购的前提需资金方A解除质押。如何与资金方A达成协议，解除质押为此股权收购的第一关键点。

（2）开发商A已签订数份工程、设计类合同，其中包含总包、设计等重大合同，需资金方A与相关单位进行解约。

（3）小地块是嵌套收购，虽然根据开发商A与开发商B的协议约定，开发商A可指定一家房产公司对开发商B的股权完成收购动作。如何使开发商B同意受让方作为开发商A指定方完成后续收购，且两家公司收购过户需同步进行。

## 三、交易金额确认及调整

### 1. 收购总对价确认

双方约定两宗土地的价格为13.6亿元，但考虑到地块一的项目公司被冻结的9 345万元现金要纳入交易中，故约定收购总对价为14.53亿元。

## 2. 收购总对价的分解

交易架构要以支付款项及名目为主要核心点来搭建，所以在约定了总对价之后，也必须将总对价进行分解。

（1）第三方欠款

a. 资金方 A 的本息为 77 700 万元。

b. 应付未付土地款及滞纳金 29 740 万元。

c. 应付未付的工程款 1 975 万元。

d. 应付的其他费用 265 万元。

（2）股东借款

a. 开发商 B 对于地块二项目公司的股东借款 2 000 万元。

b. 开发商 A 对于地块一项目公司的股东借款 17 278 万元，对于地块二项目公司的股东借款 1 017 万元。

（3）股权转让款

a. 开发商 B 股权转让款 10 000 万元。

b. 开发商 A 股权转让款 5304 万元。

（4）小结

a. 溢价计算：两块地整体收购的总溢价等于约定股权转让款减去账面净资产加上无法税前列支的滞纳金费用，即（10 000+5 304−569−12 700）+9 740=11 775 万元。

b. 开发商 A 与开发商 B 的转让价款支付小计：应付开发商 A 转让价款 23670 万元，应付开发商 B 转让价款 12 000 万元。

## 3. 两宗地块收购价格的调整

由于开发商 A 与开发商 B 签订股权转让协议，以溢价 1763 万元收购地块二项目公司 100% 股权，但开发商 B 要求该溢价为到手价，不愿意承担所得税。故为了避免另行支付该笔所得税额，受让方与开发商 A 协商，合理调整两块地的收购作价，地块二项目由受让方直接向开发商 B 平价收购，增加地块一项目的收购总价，开发商 B 要求的 1 763 万元溢价款由开发商 A 另行向开发商 B 支付。

最终地块一的作价为 11 9785 万元（另有 9 349 万元现金），地块二作价为 16 215 万元。

## 四、交易架构搭建

### 1. 尽调问题确认

（1）地块一项目公司 9 349 万元账面资金需要解冻。

（2）地块一项目公司、地块二项目公司签订了包括总包在内的 38 份工程合同，其中 11 份合同需要解除。

（3）地块一项目公司需完善 1.35 亿元的发票、合同等税务资料。

（4）地块一项目公司有 5 份对外担保，金额 3 740 万元。

（5）地块一项目公司原公司员工所有劳动关系需要解除。

### 2. 交易步骤

（1）受让方与开发商 A 签订框架协议。

（2）完成受让方、开发商 A、资金方 A 三方协议，确认受让方承债资金方 A 的本息 77 700 万元。

（3）完成受让方、开发商 A、开发商 B 三方协议，确认开发商 B 直接向受让方过户股权。

（4）确认应付开发商 A 转让价款 23 670 万元（其中通过地块一项目公司支付 19 953 万元，通过地块二项目公司支付 3 717 万元），应付开发商 B 转让价款 12 000 万元。

（5）地块一项目公司股权转让款支付进度：

a. 向开发商 A 共管账户一支付 19 953 万元待解决问题后逐笔解付。

b. 完成地块一项目公司 50% 股权转让，支付 8 113 万元。

c. 资金方解除地块一项目公司 9 349 万元资金监管后，支付 3 000 万元。

d. 开发商 A 解除相关合同后，支付 2 000 万元。

e. 开发商 A 完成对外工程款支付且取得所有合法入账票据后，支付 1 500 万元，工程款有出入对价内调整。

f. 开发商 A 解除 5 份对外担保后，支付 3 740 万元。

g. 开发商 A 解除项目公司内所有员工劳动合同后，支付 600 万元。

h. 股权转让协议签订后 6 个月内支付或有事项保证金 1 000 万元。

（6）地块二项目公司股权转让款支付进度：

a. 向开发商 B 共管账户二支付 12 000 万元，待股权过户至受让方后解付。

b. 向开发商 A 共管账户三支付 3 717 万元，待开发商 A 与开发商 B 之间协议履约完毕并股权过户至受让方后解付 3 217 万元。

c. 股权转让协议签订后 6 个月内支付或有事项保证金 500 万元。

## 五、探讨

（1）案例并不复杂，本节以该案例为例，展示一下搭建交易架构的标准动作流程，即拿到报价、试算报价、难点确认、分解交易价格，最终依据难点及支付进度来搭建交易架构。

（2）该案例其实是分为两个交易标的，但是由于开发商 A 的主导作用，所以可以打包收购，本质上交易还是两笔，但是能综合平衡交易报价，对于开发商 A 而言总价不变即可。

# 第三节 某烂尾项目如何搭建交易架构

## 一、项目背景

### 1. 项目状态一：信托公司代持项目公司 100% 股权

转让方原持有项目公司 100%股权，根据信托计划，信托公司向项目公司提供了信托贷款 4.22 亿元，且转让方将其持有的项目公司 100% 的股权转让给信托公司，并已办理工商变更登记，法定代表人变更为信托公司派出代表。

### 2. 项目状态二：项目为郑州城中村改造项目，具有较多历史遗留问题

转让方与郑州市某村民委员会、郑州市某街道办事处签订了“城中村改造项目合作协议”，就位于郑州市约 550.88 亩（包括村民安置区、配套开发区及新建中小学用地）的城中村旧改项目进行合作。项目公司通过挂牌方式合法取得开发用地，作为代建主体建设安置房的划拨用地。

### 3. 项目状态三：全面烂尾，已开工建设并预售

（1）商品房部分

a. 已取得证照：国土证、用地规划许可证、施工证。

b. 现场工程进度：地块土方外运完成 9 万立方米，地块内共 15 栋楼，其中 16# 楼桩基施工完成，15# 楼桩基完成 80%，3# 楼桩基完成 50%；售楼部完工开放。

c. 销售情况：项目公司累计签订 964 份借款合同，对应 964 套住宅房源（购房诚意金），占总房源数量的四分之一。

（2）安置房部分

a. 已取得证照：国土证、用地规划许可证、建设工程规划许可证。

b. 现场工程进度：地块内共 8 栋楼，其中 1#～4# 楼均已封顶，砌体施工完成 50%；5# 楼主体施工至 18 层，6# 楼主体施工至 19 层，7# 楼主体施工至 13 层，8# 楼主体施工至 14 层。

### 4. 项目状态四：项目公司财务关系较为紊乱

除了拆迁款的支出做账较为混乱，项目公司还存在较多的资金往来，甚至项目公司还参与了持股信托公司发起的针对转让方其他项目的大额信托计划，并已确认发生坏账。

### 5. 项目状态五：转让方所在的集团公司已资不抵债

转让方所在的集团公司已资不抵债，全集团下辖的大部分项目都处于司法查封状态，该项目公司由于信托公司 100% 持股，反而逃过一劫。

## 二、重点问题处理方案

### 1. 先审计，理清财务数据

项目账目混乱，要收购项目，必须通过债务清理和审计的形式，将账目进行归拢，以作为收购对价的作价依据。

根据清产核资审计报告结果，项目公司股东全部权益价值为 -2.14 亿元，其中，总资产账面值为 19.89 亿元，总负债账面值为 22.03 亿元，净资产账面值为 -2.14 亿元。

根据尽职调查结果，项目公司已发生费用合计 12.97 亿元，其中土地成本（含出让金、补偿费、契税、其他）10.81 亿元（其中安置区

2.28 亿元）、工程款 2.17 亿元（其中安置区 1.34 亿元）。项目公司中有大量的转让方关联方的往来款，导致资产和负债账面都虚高，需要对冲平账并清理干净。

### 2. 明确信托公司的诉求

信托公司发生的 8.73 亿元融资，利率 15%，转让方已支付 6 611 万元财务费用。截至收购时点，尚有 8.73 亿元本金及 1.47 亿元财务成本待支付。

### 3. 清退购房借款合同的计划

根据与转让方的商议结果，转让方有把握将全部 964 份借款合同在 2 个月内清退 80% 以上，4 个月内完成全部清退工作。并同意若实际发生的清退费用超过 10 000 万元，多出的部分由转让方另行承担。

### 4. 转让方承诺对尽调及审计出来的城中村改造遗留问题补手续

对于受让方具有疑虑的部分事项，转让方协调政府相关部门书面确认相关协议与单据的真实性与合法性。

## 三、交易架构搭建

### 1. 转让方式

设立多方协议，明确转让方（老股东）、信托公司（因信托而成的新股东）、受让方、项目公司、一切关联方及担保人等，增强协议对各方的约束力。核心是在老股东和关联方的确认下，信托公司将项目公司股权直接转让给受让方，以规避信托公司将股权还给转让方后导致项目被查封。

### 2. 转让对价

约定项目总交易价格为 15.47 亿元，其中股权转让款 1 亿元，项目公司债务 14.47 亿元。

其中，信托公司实收 10.2 亿元，股权转让款 1 亿元，偿还债务 9.2 亿元。

2 亿元直接用于偿还转让方对于项目公司的关联借款，1 亿元进入共管账户用于 964 份借款合同的清退。

剩余 2.27 亿元通过偿还转让方对于项目公司关联借款的形式在 3 ~ 9 个月的时间内进行支付，前提是转让方对城中村改造的不规范操作进行确认以及总包清退等事项完成。

## 四、探讨

该案例的难点非常多，笔者一开始接到这个项目的时候畏难情绪非常重，但是老板盯着一定要做，也勉强硬接，最后还是拿下了。当然，最后的房价比收购完成时点涨了一倍多，这也是后话。

项目难在以下两点。

（1）项目公司的股权被信托拿走，一般来讲信托的流程非常冗长而且风控要求非常高，但所幸这个项目的信托计划已经实质性违约了，信托公司也比较急，看到有受让方进来接盘，也是非常配合一路绿灯，甚至最后直接签了三方协议确认股权直接转让，他们表示只要能拿到钱，信托合规事宜他们自己想办法解决。

（2）项目还有 964 份购房合同（以借款合同形式）要清退，964 份合同意味着 964 个家庭，已经成了影响社会稳定的难题了，这个项目的业主之前的确也是大闹了好几次，造成了不小的社会影响。964 份合同的清退本身也耗费时间和精力，但所幸那些业主都已经疲惫不堪，心态上大多是能拿回钱就好，所以在早早地把这笔钱准备好了之后，清退过程还是比较顺利的。

当信托和小业主的问题解决之后，其实剩下的就变成比较常规的旧改项目了，靠政府和企业一起努力还是能有解决问题方向的。

## 第四节 某单项目公司分地块独立操盘如何规避风险

### 一、项目背景

B 公司实际控制项目公司名下有一宗住宅用地及商业用地，A 公司拟收购其中的住宅用地，但是经过多部门沟通协调，作价入股、分立、划转等资产剥离方式均不可行，最终 A、B 达成一致，采用分地块操盘的方式进行合作开发，股权比例 A：B 为 51%：49%。双方约定，A 公司只负责住宅地块，B 公司只负责商业地块，项目公司针对住宅、商业地块分别建立财务台账，各自独立记账独立核算；待住宅地块开发完毕后，A 公司退出项目公司，由 B 公司 100% 持有项目公司。

存在以下两点问题：

（1）这种模式在股权架构上，A 公司对商业地块仍然保有 49% 的权利义务，B 公司对住宅地块仍然保有 51% 的权利义务。

（2）如果 B 公司在获取地块时，已经明确了商业地块的动工及交付时间以及建设标准，甚至进度上与住宅的预售挂钩，如果 B 公司后续无力投入，A 公司为了住宅开发会有兜底的风险。

### 二、操作思路

#### 1. 可能思维误区

首先要以受让方 A 公司的视角，梳理下可能的思维误区：

（1）觉得可以只用算住宅部分的测算。有些投资人员会认为只要住宅算得过账就是一个好项目。但住宅只是项目公司中资产的一部分，如果项目公司出现问题，名义上的股东也一定要承担责任。就比如一个家庭，就算妻子名下有很多钱，但是只要丈夫欠了很多债，家庭资产负债表就不健康。

（2）觉得转让方B公司一定会履约。基于此，A公司投资人员在商务条件洽谈上对B公司的要求做了放松，并A公司后续投入资金进行开发建设。但是，如果没有强约束（如B公司对其后续投入实际出资或强担保），合同上的约定都只是一个信用担保而已，如果双方都是一个量级的企业，那信用担保一般足够；如果不是一个量级的，那么风险就有敞口。

（3）想当然觉得A公司一定能带着利润最终退出。实践中能不能带着利润退出，必须要看退出时点项目公司账上现金是否足够，所以合作前一定要算下全口径的现金流够不够。一般的经验，这种“商业+住宅”项目的现金流都是特别紧张的，特别是如果前期给了对方太多的溢价或者让对方从项目公司抽钱走之后。所以一定要好好盘下现金流够不够，有条件的话还要留一点后续交税的钱。

### 2. 正确思维模式

（1）整体思维——这决定了项目能不能做

项目公司一定要通盘考虑。整体！整体！整体！重要的事说三遍。住宅部分的账要算，商业部分的账也要算，商业是算销售还是算自持沉淀都是随行就市，能卖得掉就销售，大概率卖不掉就自持，但是一定要讲清楚商业部分对住宅部分的拖累。住宅部分的净利润是否能覆盖商业部分的现金流沉淀（商业可售部分的销售额减去总成本，而且是快速销售的价格下）。

如果持有资产导致的资金沉淀过大，不但不能让合作方调拨资金走，还一定要合作方把沉淀部分资金补进来，不见其投钱，自己也不投钱。否则万一做不下去，好一点的情况是合作方可能就会手一摊，自认违约，剩下的物业连资产带负债都不要了；不好的情况就是合作方为了其最大化利益，做些不太有利的动作。

（2）现金流思维——这决定了能不能退得出来

做测算的时候，不能只算静态的账，还要算动态的现金流。过程中能发现很多问题，比如初步静态测算下住宅部分的利润有很多，但是一盘项目公司的全口径现金流却不够转让方将利润提走的，这种情况在静态测算中或者单算住宅部分的时候都是看不出来的。

算现金流，一是要搞清楚，自己能不能带着足额的现金利润从项目公司中退出来；二是要看一看合作方做持有物业的资金缺口大概是多少，如果它不带钱进来导致违约，看看资金缺口有多大，能不能帮它填缺口，是不是有填不满的可能。

（3）底线思维——如果合作方违约了，怎么办

大多数投资人员接项目的时候，都不愿意去想自己千方百计委曲求全找来的合作方会违约的问题，但是很有可能会违约。这里的违约最大概率就是后续不再投钱，其他的违约也能量化成钱，就是对方该承担的东西不承担了，看，还有个 51% 的大股东撑着呢。

这种状态下，其实比较难把握，还是一点，如果门当户对，大家有互信；如果体量有差距，一定适度当坏人会比较好。

处理方式：① 49% 股权质押过来，合作方不能随意处置，特别是要用自己的信用去融资的时候；②经过动态现金流算账后，才能决定合作方能抽走多少钱（或个多少溢价），如果算不过账，就不能抽，原则上都封闭在项目公司里；③做个预案，万一对方不行了，如果把商业接过来自己该怎么开发运营；④尽量让对方也出钱，对方的担保能力就是“约定的溢价 + 对方的实际出资”。

# 第六章 衍生知识点

## 第一节　收购中土地出让合同的重要性

众所周知，土地出让合同是开发企业与土地出让主体之间唯一的一份正式契约，约定了土地的出让方与受让方、土地的红线界址、土地的规划指标、土地的价格年限以及土地开发的诸多限制等。有了土地出让合同的签订，才会有后续的缴纳土地款、办理土地证等事宜，除了不可抗力或者未来可能有的补充协议，土地出让合同的法律效力是最大的，是土地权属的根本性的保障。

当然规划也很重要，控规一旦调整了，土地出让合同上的规划指标一般也需要跟着调整，但是只要签订了土地出让合同，土地权属是得到确认的。

因为有了土地出让合同的限制，要办土地证，必须有相应的土地合同，在合作上或者收购上也会有很多有意思的处理口径。

## 一、多地块捆绑出让的招拍挂合作

有多块土地打包捆绑招拍挂出让，红线分割清晰，能办多个土地证，有两家企业想联合报名，分土地证操盘，每块地根据自身操盘能力自负盈亏，该如何操作？

这种分地块操盘的合作模式和土地出让合同有较大的关系，每块土地能不能分开签土地出让合同，对合作方案的影响很大。

### 1. 不能分开签土地出让合同

目前大部分所谓的捆绑，都是一份土地出让合同中，包含了几块土地，举个西安的例子（图 6–1）。

**第四条** 本合同项下宗地地籍编号为 YT1-17-2/YT1-17-3，出让宗地总面积大写为 玖万捌仟叁佰陆拾贰点玖 平方米（小写 98362.9 平方米），其中出让商业用地面积为大写捌仟玖佰陆拾陆点柒柒 平方米（小写 8966.77 平方米）。

地块一建筑容积率不高于 2.8 不低于 / ；

地块二建筑容积率不高于 5.5 不低于 / ；

建筑限高 / ；

地块一建筑密度不高于 20 % 不低于 / ；

地块二建筑密度不高于 47.6 % 不低于 / ；

地块一绿地率不高于 / 不低于 35% ；

地块二绿地率不高于 / 不低于 25% ；

其他土地利用要求按照西安市规划局规划设计条件（2018-82）（2018-83）执行。

图 6–1　土地合同内容示意

按照合同条款描述，这份土地出让合同中包含了两块地，所以一般只能用一个项目公司签订出让合同后装进这两块地，最终办理的两张土地证的产权人都是项目公司。

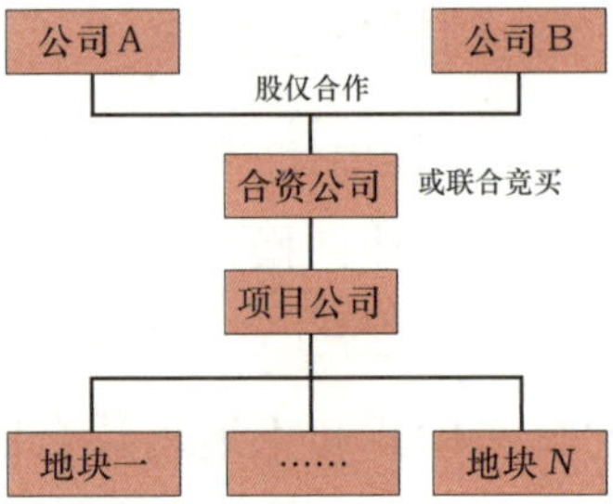


图 6–2　合作示意

此种类型招拍挂项目的合作示意图如图 6–2 所示。

可以看得出来，所有地块都在同一项目公司名下，即项目公司中含有多个土地证难以剥离。可行的操作模式就是按照项目部制，公司 A 和公司 B 按照拟操盘地块来成立虚拟的组织：项目部。项目部单独核算成本收益以及相应税费，接受第三方的审核，出具项目层面的报表，最终 A 和 B 把自己操盘地块的项目部的报表在项目公司层面合并，并对外输出，进行纳税及并表等工作。

这种状态下，真正的剥离是不太可能了，公司 A 和公司 B 只能在一个项目公司名下别扭地分地块开发。

### 2. 可以分开签土地出让合同

有些城市可以将多个独立出让的地块捆绑竞价，可以签订多个土地出让合同，举个济南的例子（图 6–3）。

此种类型本质上是多个出让标的捆绑，每份土地出让合同都包含了相应地块，所以只要政府不禁止，是有机会在竞得土地后针对每宗地块成立不同的项目公司，并签订出让合同的补充合同，最终办理的土地证的产权人是不同的项目公司。

这种类型招拍挂项目的合作示意图如图 6–4 所示。

可行的操作模式：在政府允许的情况下，通过联合竞买或合资公司拿地，然后针对每个出让标的成立不同的项目公司进行开发，项目公

| 【济南市】济自然规划告字〔2019〕3号 | | | | | | | | | | |
|---|---|---|---|---|---|---|---|---|---|---|
| 序号 | 编号 | 宗地名称 | 土地位置 | 土地面积（平方米） | 用途 | 交易方式 | 交易类型 | 交易状态 | 缴纳保证金截止时间 | 竞买申请时间 |
| 1 | 2019TDGP12R0042 | 曹家馆城中村改造一期A-6地块 | 历城区工业北路以南、春暄路以西、胶济铁路以北 | 30035 | 城镇住宅用地 | 网上挂牌 | 土地出让 | 已公告 | 2019-06-04 16:00 | 2019-05-27 09:00至2019-06-04 16:00 |
| 2 | 2019TDGP12R0043 | 曹家馆城中村改造一期A-7地块 | 历城区工业北路以南、春暄路以西、胶济铁路以北 | 16459 | 城镇住宅用地 | 网上挂牌 | 土地出让 | | | |
| 3 | 2019TDGP12R0044 | 曹家馆城中村改造一期A-8地块 | 历城区工业北路以南、春暄路以西、胶济铁路以北 | 34059 | 城镇住宅用地 | 网上挂牌 | 土地出让 | | | |

图6-3 挂牌示意

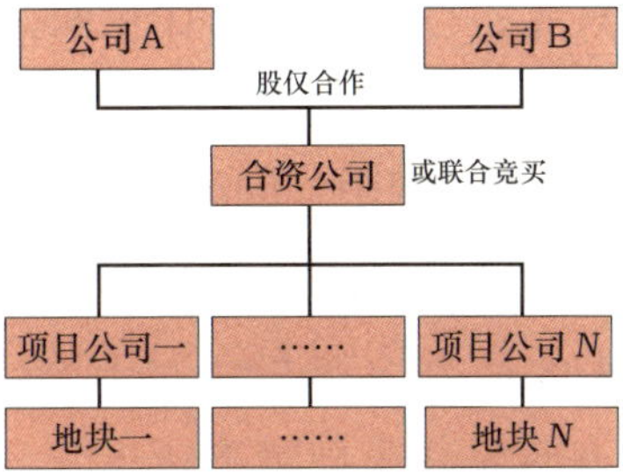


图6-4 合作示意

司的初始股权比例都是合资公司的股权比例，后期可按约定进行收购，使得项目公司的股权 100% 由某一方持有，完成各方独立开发独立核算的需求。

### 3. 小结

招拍挂的项目一直比较简单，最复杂的应用场景也就是如何分地块剥离操盘，但土地出让合同的重要性不言而喻。

## 二、收并购的权属终极证明

不少投资人员认为，土地证是转让方是否有土地使用权的关键。但其实只对了一半，在房地产发展的漫长岁月里，权属关系的证明都是在不断改进强化的过程中，以前不少城市都敢颁发未拆迁的毛地土地证，这种土地证就算拿到手，拆迁完毕后还得重新签订土地出让合同并换证，所以光看土地证能获得的信息也并不一定充分。

而土地出让合同则不然，一是它有明确的出让方和受让方，权属的交接非常明确；二是它有非常翔实的权利义务的记载，权属过户的前提（土地款、交地等）都有明确，一些天生瑕疵一般也会被政府作为约定放在合同中。

而且一般来讲，只要签订了土地出让合同，离办证也不远了，就是开票缴钱的事情。

所以，在收并购的洽谈过程中，如果转让方拿得出土地出让合同，其实权属就更加清晰，大部分风险也能从合同中看得出来，投资拓展最怕的是转让方拿出来的是 20 年前的手写土地证，难以判断有效性。虽然知道土地权属大概率应该还是属于转让方，但当前的状态无法确定是否有瑕疵，只能去规划局查控规、去政府相关部分征询历史、去国土局排摸权属的有效性。

那些旧改项目、转性项目，只要是不走公开招拍挂的土地获取方式，最难的也是签订土地出让合同这个环节，只有签订了出让合同，财政才会给开单子、付钱、办证，工作进一步推动才有依据。

也有个现象，就是市面上有不少二手项目，都是之前一些中小企业拍下来的土地，但它们没有钱缴纳后续土地款，导致滞纳金高企。但是就算这些企业一直没钱付土地款办土地证，政府也一直没有清退它们，把地收回重新拍卖，这也是因为拍地企业和政府土地出让部门签订了土地出让合同，出让和受让关系已经确定，而且拍地企业按约定缴纳了定金，合同也已成立。若要解除协议，必须走一遍司法流程，用司法的力量进行解约，一是时间流程较长，二是也不利于政府的招商环境，所以才会出现这种情况。

土地出让合同是权属的保障和强约束，是需要非常重视的，建议投资人员在洽谈收并购项目的时候，如果有土地出让合同，一定强烈要求看一下。

## 第二节　增资扩股与直接股转的差异

投资工作中大部分股权让渡的方式都是通过直接股转完成，但是也有一部分是通过增资扩股进行，本节介绍增资扩股与直接股转的差异。

### 一、增资扩股概念

以一个案例为例，就会比较容易理解。

一项目公司注册资本金 5 亿元并已实缴，且没有任何负债，单一股东 A 公司控股 100% 的状态。B 公司拟通过增资方式获取此项目公司 50% 股权。

增资扩股，字面上理解就是分为增资和扩股两个步骤。首先是扩股，要把公司的原有股本扩大，才能吸收新的投资人，案例中暂定原来的股数为 1 股，每股价值 5 亿元，现在扩股成 2 股，每股都能占有公司 50% 的权益，但其中 1 股为空股未实缴，另 1 股才值 5 亿元，新的投资人需要花钱来认购并实缴多扩出来的那 1 股空股。如果扩股出来的股票没有人认购，那就算是注册资本没有实缴到位。

当然具体的增资扩股方案必须要股东会按照公司章程来决议。再简单讲下平价增资、溢价增资、折价增资是怎么样的。

### 1. 平价增资

平价增资会比较简单，上面案例中的股票价格是 1 股 5 亿元，那扩股后新出来的 1 股也由股东会决议定价为 5 亿元，那 B 公司就出资 5 亿元实缴注册资本金，并获得 50% 的权益。对于原股东 A 公司而言，其股东权益在增资前也是 5 亿元，增资后还是 5 亿元，并没有变化（图 6–5）。

| 股东 | A 公司 |
|---|---|
| 注册资本 | 5 亿元 |
| 股权比例 | 100% |
| 股东权益 | 5 亿元 |

项目公司将股数从 1 扩为 2，价格为 1 股 5 亿元，B 公司认缴 5 亿元认购 1 股

| 股东 | A 公司 | B 公司 |
|---|---|---|
| 注册资本 | 10 亿元 | |
| 股权比例 | 50% | 50% |
| 股东权益 | 5 亿元 | 5 亿元 |

图 6–5　平价增资

### 2. 溢价增资

溢价增资稍微复杂点，需要算溢价。上述案例中的股票价格是 1 股 5 亿元，假定扩股后新出来的 1 股由股东会决议定价为 10 亿元，那么溢价增资的结果就是 B 公司就出资 5 亿元实缴注册资本，并获得 50% 的权益，剩下的 5 亿元作为溢价计入资本公积中。对于原股东 A 公司

| 股东 | A 公司 |
|---|---|
| 注册资本 | 5 亿元 |
| 虚拟股数 | 1 股 |
| 股权比例 | 100% |
| 股东权益 | 5 亿元 |

项目公司将股数从 1 扩为 2，价格为 1 股 5 亿元，B 公司出资 10 亿元认购 1 股

| 股东 | A 公司 | B 公司 |
|---|---|---|
| 注册资本 | 10 亿元 | |
| 资本公积 | 5 亿元 | |
| 虚拟股数 | 1 股 | 1 股 |
| 股权比例 | 50% | 50% |
| 股东权益 | 7.5 亿元 | 2.5 亿元 |

图 6–6　溢价增资

而言，其股东权益在增资前是 5 亿元，增资后变成了 7.5 亿元，股东权益增值了 2.5 亿元，就意味着此时把 A 公司的股权平价出售能换回 7.5 亿元，较交易前赚了 2.5 亿元（图 6–6）。

### 3. 折价增资

折价增资与溢价增资原理差不多，就是会发生原股东权益减少的问题，相同比例的公司权益，新股东比老股东投入更少。

但在税务上可能会涉及 B 公司要缴企业所得税的问题，毕竟 B 公司入股后在账面上盈利了，即以较小代价占有了 A 公司实缴的注册资本部分并实现盈利。

折价一般都很敏感，比如股权直接转让时候碰到折价，也涉及转让方债权豁免要缴所得税等问题。

一般来讲，如果要折价的话，更好的操作就是让转让方先自行减资，减资到和 B 公司的出资相匹配状态，再平价增资进去。

## 二、增资扩股与直接股转区别

先讲结论，两种操作原理上没有区别，哪个方便用哪个。当然在实操上，也有三个很明显的应用场景区别。

（1）如果要转让 100% 股权，那只能是用股权转让。

（2）标的公司股本已经很大的情况下，也没法用增资。

（3）增资增大的是注册资本，股转更加灵活，可以保持一个较小的股本，股东投入可以股东借款的形式。这点在实操上非常重要，所谓股本就是所有者权益，如果项目公司亏损，先亏的是注册资本金和资本公积等权益，而股东借款本质是债，就算项目破产，债也有受偿权，不可能凭空灭失，还有机会挽回。

其他状态下，增资还是股转，其实就看哪个更好用，两种方法没有本质的区别。

（1）付款方式方面，股转有分期付款，增资也能先认缴，然后分笔实缴，但股转的分期付款是可以协商的，对价可以根据实际情况灵活调整，增资的分笔实缴比较难协调，毕竟增资事宜已经经过工商局认定了，如果要减资非常麻烦。

（2）转让方拿钱方面，股转是转让方直接拿走股权对价，但是增资也是转让方以股东身份从项目公司挂往来款拿钱，当然如果是要拿走注册资本里的钱，为了财务规范的需要要走些流程。

（3）溢价方面，股转是直接股权溢价，增资是做了资本公积，让转让方持有的股权价值提高，两种方式转让方都没吃亏。

（4）税筹方面，为了增加转让方到手价，都可以做利润不对等分配，股转就是平价转，增资就是平价增，后面该怎么不对等就怎么不对等。

（5）或有负债方面，成了股东，就要承担项目公司存续的可能风险，股转还是增资都没差，或有风险一样都要承担。

（6）融资、合作等方面，根据股转和增资后的权益关系进行约定，两个方式没有差别。增资的时候，需要所有原股东都同意，股转的时候，也需要所有原股东放弃优先购买权。

但笔者觉得增资方式本身就是一种风险，因为增资对受让方并不友好。一是因为增资会经过工商局备案，增资的数额一旦确定，就只能选择实缴或不实缴，但如果不实缴，自己的权益可能就会被稀释，如果在增资的过程中发现了或有负债，要调整对价比较困难；而股转就相对灵活，股权对价是可以按照实际履约中暴露的问题灵活调整的。二是一旦选择了增资，就一定会有一笔钱要进入项目公司并完成股权变更，根据增资的特点，这笔钱除了含有转让方应得的权益之外，也含有受让方的权益，或有风险暴露的话受让方自己权益部分也一定会被套在里面；而如果是股转，只需要直接支付转让方应得的对价就行了，风险敞口小很多。笔者之前做了一单增资，对象是个混改的国企，单一股东，为了图方便将 2 亿元增资投进去，结果一周之后企业暴雷，这个项目被查封，熬了 2 年才通过其他方式把项目捞出来。

当然如果增资使用的场景是刚招拍挂拿地的干净项目公司合作或者国资转让用增资来护牌（产交所增资可设条件竞争性谈判），那是可以的。但如果是其他状态还是应谨慎，能股转就不增资，如果转让方恶意为难受让方，增资是一个常用手段。

## 第三节　国有资产交易的关注点

### 一、红线要求

#### 1. 国有资产保值增值

项目也许拿地时候价格非常高，或者开发过程中碰到亏损，但国企把项目转出去的时候必须不能亏，否则就有大概率被扣上一个国有资产流失的帽子，这顶帽子谁戴都承受不起，一般国企领导也不会想去承担这个责任。所以，如果项目因为亏损而卖不出去，宁可不卖。

## 2. 国有资产不能利益输送

国资最忌讳的两个红线问题，一个是国有资产流失，另一个是利益输送。所以为了规避利益输送这个问题，会有不少措施来制约。

（1）产权交易制度。无论双方谈得再好，意向再明确，都要去产交所里挂牌，公平公开公正地来检验一下国资项目成交价是市场价，不存在利益输送的问题。

（2）评估制度。国资项目转让价不得低于评估价，国资项目转让前，必须由第三方的评估机构对项目进行评估，评估价一般都会比审计的账面价值有一定涨幅。

（3）同股同权。国资在公司运营方面要求非常高，简而言之，国资可以占合作方的便宜，这是市场化运作，但是合作方不能占国资的便宜，这是监管要求。对国资来讲，合作的底线就是同股同权，投入与收益共担。当然，如果合作方愿意给国资垫资、不对等分红等利益让渡，国资是肯定同意的。

以上三点保证了国资的决策层能够免责，不然审计会有一定风险。

## 3. 决策流程要规范

国资讲流程，因为国资并不是私有财产，走流程的意义就在于所有流程上的人都要承担责任，属于集体决策。流程也变成了一条红线，只要流程没走完，是不能操作的，而流程上的领导们要批一个带商务条件的流程也要斟酌很久，毕竟要担责任。所以国资的流程往往会非常慢，有些决策甚至要上升到党委会的高度。

## 4. 财务合规性

国资有审计要求，所以非常重视合规性要求，一般都是收支两条线来走账，不出现制度上的疏漏。所以如果要勉强国企去做一些敏感的财务处理或者税筹动作，一般做不到。

## 二、产权交易流程（以上海联合产权交易所为例）

本小节梳理下产权交易的常规流程：

（1）意向受让方应当在信息披露期间，向联交所提出产权受让申请，并递交“产权受让申请书”及相关附件等纸质材料，确认已知晓“信息披露公告”载明的所有内容和交易条件，并承诺遵守市场规则。

（2）联交所对提出申请的意向受让方逐一进行登记，并出具申请材料接收单。

（3）联交所在受理受让申请材料次日起2个工作日内，完成对“产权受让申请书”及其附件材料的齐全性和规范性的审核。

（4）登记的意向受让方不符合信息披露公告中的受让方资格条件，或提出带有附加条件的受让要求，或提交的材料不符合齐全性和规范性要求的，联交所以书面形式告知意向受让方。意向受让方应当在收到通知的次日起2个工作日内按要求做出调整。

（5）联交所在信息披露期满后5个工作日内，就意向受让方是否符合受让条件以“受让资格反馈函”反馈至转让方。

（6）转让方应当在收到联交所“受让资格反馈函”的次日起5个工作日内予以书面回复，如认为意向受让方不符合公布的受让方资格条件的，应当经受托机构核实后向联交所提出书面意见，说明理由并提交相关证明材料。转让方逾期未予书面回复的，视为同意联交所作出的资格确认意见。

（7）转让方与联交所对意向受让方资格确认意见不一致的，应当就争议事项征询转让行为批准单位或国资监管机构意见，联交所根据转让行为批准单位或国资监管机构的书面意见确定意向受让方是否符合受让条件。

（8）经征询转让方意见后联交所向意向受让方出具交易安排通知函件或“受让资格确认结果通知”，并同时抄送转让方。

（9）意向受让方应当在交易安排通知函件规定的时限内，将交易保证金缴纳至联交所指定账户。意向受让方按规定缴纳交易保证金后获得资格确认。意向受让方未按规定缴纳保证金的，视为放弃受让资格。

产权交易的地域性很强，因为产权交易的重要客户是国企，而大部分国企都是具有较强的地域性，各地产交所和地方国资委的关系一般也比较好，因为是同城性所以开展工作也比较容易。所以产交项目也是有较强的地域性，比如北京的项目一般不会在上海挂牌，上海的项目一般不会在广州挂牌。当然有时候为了规避竞争，也有一些项目会选择小地方的产交所挂牌来避免竞争。

## 三、国资合作退出

如果非 100% 收购，而是与国企合作开发，那么就涉及一个后续合作如何退出的问题，毕竟开发到最后，仅剩下商业车位的时候合作双方都是会动退出的心思。

下面以 A（民企）和 B（国企）为例展开。

### 1. 退出的特点

参见本章红线要求的内容，如果 B 的股权要卖给 A，一定要保值增值，得有适度溢价，如果 A 的股权卖给 B，那么大概率只能平价。

### 2.A 退出的筹划

一般来讲，合作开发状态下，都是建议先结转利润再双方洽谈后续退出事宜，否则就会碰到利润如何拿走的问题。提前退的话，利润就要转化为溢价，溢价认定困难以及支付困难的问题，是大部分企业和国企合作都要面临的问题。

### 3. 建议提前约定

国企的合作讲的是规则，如果之前没有约定过，那么后续再约定一定会很麻烦，会论证很久。如果之前已经约定过，那国企的履约相对还是比较有保障的。所以建议尽量在合作之初就约定清楚退出的规则，有履约约束、有履约操作性。

## 第四节 “协议中约定”与“操作中控制”

日常的项目合作谈判过程中，大部分主要的风险点和争议点都能进协议，协议的文本内容也能成为协议各方履约的依据与共识，是所谓的“协议中约定”；但有时各方也可能有顾虑，对某些争议点达不成一致，为了尽快达成协议而折中，导致协议中只能体现一个处理原则，但不是一个具体处理方案，只能在后续的履约过程中协商处理，这是所谓的“操作中控制”。

遇到的场景会有很多。

比如一二级联动的项目里，关于二级招拍挂的地价，虽然合作方作出非常坚决的承诺，表示一定能压到多少价钱以下，却不愿意包干承责，可能落在协议里约定的只有一个“争取”。双方过程中一起去努力，大概率能做成，当然也有概率做不成。

又比如旧改项目里，如果碰到合作方没钱，旧改的资金需要我方来支付的时候，一般在合作协议里也无法拟定具体到每一笔拆赔款项的金额和支付节点，一般就是按照合作方的说法定一个大数，并在双方后续操作中确认资金支付计划。

当然，“操作中控制”毕竟是没办法的办法，各方难以确认细节但又很想合作，就只能搁置争议，只在协议中约定原则，后续工作中再去控制。“操作中控制”还是有不少不确定性的，算是一种妥协和博弈，靠的是各方的资源担保和威慑，比如地主方靠的是自己土地资源运作实力（你不听我的我就不推动项目）、开发商靠的是资金提供能力（你不听我的我就不提供资金），不然没有明文约定的事宜后续一定会有扯皮的风险。

在合作洽谈中，一定还是希望能消除不确定性，能谈妥的尽量谈妥，并在协议中约定。虽然目前国内的地产生态中，契约精神相对薄弱，协议签了后续因为各种各样原因不履约的也非个案，所以也有了反复签补充协议的做法。协议某方在履约的过程中感觉自己吃亏了，作一作闹一闹，然后逼得大家都受不了但还没到关系彻底破裂的情况，于是重新坐下来谈成了新的合作条件。

“操作中控制”作为一个折中的措施，是双方尽快达成协议并进入履约状态的一个手段，可以搁置争议后续边履约边谈。

当然“操作中控制”一定也不能完全放弃风控，丢给投后或者操盘团队去处理后续的事宜，毕竟达成协议后往往就要支付第一笔款项，有经验的人知道付了钱之后再去和合作方沟通商务条件是非常困难的。所以就算是“操作中控制”，风控也要做在前面。

三个原则还是要把控住：

（1）约定的原则只是合作原则，只要涉及付款，一定有前提，带有风险的付款，就算是已经履约很深入了，也一定要掌控在我方手里，要做到，每笔付款都是用在合理的地方，而不是被挪用或者出现了风险敞口；

（2）没有谈清楚的事情，或者有不确认的事宜（如一二级联动的地价），谈成了之后或确认了之后，就尽量签订补充协议予以闭环；

（3）在约定“操作中控制”时，因为没有具体的约定而是现状博弈，一定要想清楚自己有没有控制力，还是说可能会被合作方牵着鼻子走，如果是后者，那就是敞口风险，一定要努力闭环，并尽可能写进协议。

# 第五节 二十四个常见合同知识点

## 一、交易步骤知识点

### 1. 框架协议

为什么要签框架协议，框架协议之后还有正式协议，也有很多开发商嫌麻烦就跳过框架协议直接签正式协议。

其实签框架协议就是为了在条件还不充分的情况下锁定项目（如未做尽调、项目尚未具备交易条件等）。约定的要点主要有三个方面：①讲清楚项目主要的商务条件（作价、付款、重大已披露事项的处置）；②约定后续工作计划（尽调何时做、正式协议何时签等）；③约定排他条件（确定合作关系，甚至支付保证金排他）。

在交易的步骤上，一般签署框架协议后即可进场进行尽调工作，并在约定的有效期内根据尽调结果决定是否签署正式合同。

### 2. 补充协议

收购的节奏一般很快，很多复杂项目签约的时候一般都是带问题签约，还有些未尽事宜需要边履约边解决，这就要求后期会签补充协议以打补丁。

### 3. 生效条件

对于复杂项目而言，很多开发商想尽快签约以排他，但仓促间也很难穷尽所有调查，大部分的判断还是借助来自转让方的陈述与声明，所以也有不确定的地方。对于一些需要过程中解决的问题，可以作为协议生效的前提，即达成了协议生效，达不成受让方可以无责退出。

合同设置生效条件的好处，就是如果出现计划外的问题，受让方可以直接合同作废，放弃合同。

### 4. 勾地协议

勾地协议的签约主体是尽量找高能级的政府机构，而且是有独立土地出让权力的机构，比如市级人民政府或者县级人民政府，这样协议的执行可能性就会比较高。当然市级与县级人民政府一般很难在协议里约定具体的商务条件，如土地价格等，能直接签非常难。所以为了把具体的商务条件（土地价格、付款方式、设置条件和开工便利等）写入协议，一般都要和具体的操作实施部门，如管委会、城投等签订补充协议，予以明确。

### 5. 多股东状态

一般都是要注意两点，一是优先购买权，二是非一致行动人，作为不配合的第三方在经营过程中有制约。所以在确认转让前，一般都会让所有股东一起出一个股东会决议，有个对外的官方口径来表明各方股东的态度。

此外也要看看章程和实际运作上面，各股东对项目的控制力如何，万一收了一个财务投资的股东就尴尬了。

如果是收多个股东的股权，那么还要注意协议中原则上要给每个股东都分清楚支付金额和付款进度，甚至约定收款账号。当然也有统一约定转让方，后面股东自行分配资金的做法。

## 二、土地手续知识点

### 6. 开竣工延期

只要是近几年拿的地，一般土地出让合同中都会约定开竣工时间，如果没有及时开工，一般都会有这个开竣工延期罚款的问题，而且一般罚款的金额都不会太低。

这个问题洽谈的时候可以直接确认，一般就是交罚款就好了，如果运气好能找到抓手与政府协调，可能还能无责延期。

当然这个罚款算是无票溢价，是不能税前列支抵扣的。

### 7. 在建工程转让的难度

我们知道在建工程转让是一个比较常规的转让方式，总投资 25% 就好了，但是其也是有门槛的。

（1）很多地方政府都没有做过在建工程转让，不知道如何受理，大部分政府都是由房管局受理，小部分可能会找国土等部门受理。

（2）在建工程转让的税负是即时发生的，就是要先完税才能换证，转让方压力不小。

（3）在建工程转让一般不能有过预售，否则可能需要全体小业主同意，每个预售合同都要重签，因为主体发生变化。

### 8. 土地作价入股

土地使用权作价入股在中国是一个可以操作的模式，作价入股其实本质上就是卖地，卖地就是卖资产，土增税、增值税、所得税都需要清算。一般来讲，中国的法律是禁止直接卖地，但是也考虑到集团公司有整合房地产项目的需求，所以也留了个口子，就是母公司的土地只能作价入股给全资子公司，所以大家做交易结构的时候也多了个方式。

如目标公司的注册资本已实缴，则土地使用权出资后目标公司的注册资本为土地评估价及之前已实缴注册资本之和。如目标公司的注册资本尚未实缴，则土地出资后目标公司的注册资本有两种确定方案：一是注册资本等于土地出资评估价（其中等额于认缴注册资本的部分用于实缴，其余部分用于增资），二是注册资本等于土地出资评估价与认缴注册资本之和（即土地使用权全部用于增资）。

## 三、交易风控知识点

### 9. 讲清楚项目状态

合同中在“鉴于”“项目基本情况”以及“转让方陈述”等处描述清楚项目当前的所有状态，并作为转让方承诺和声明予以硬约束，以防止日后出现扯皮，受让方只认合同上的所有陈述，其他的一律由转让方承担责任。

### 10. 正在开发事项的处理

项目正在开发过程中，受让方就股权介入，就必须界定清楚工程前后的权责利。

有几个比较好的条款表述。

（1）股权转让后，任何一方要求变更目标公司已签订的合同，必须满足以下先决条件：造价低（含解除原合同的赔偿款）、质量好、工期快、付款条件优和企业信誉好；

（2）交接：交接期间，若甲方需签署“目标公司工程、开发费用汇总表”以外的合同，需征得乙方书面同意；

（3）责任承担：在目标公司股权转让前，项目已开发建设部分因开发、建设、经营的问题导致相关工程未能依法取得相关部门验收通过的，或者取得的政府部门的验收通过证明文件是否被司法机关否定的，所造成的责任由甲方承担并负责处理。

### 11. 审计的必要性

很多被收购的公司账面都非常混乱，比如会有流水与票据无法对上的情况，或者应该是项目公司承担的成本却让母公司自己给做掉了，或者股东的收支和项目公司的收支混在一起，或者甚至直接做假账。

所以解决方式只能是做好审计，把混乱的账目平一下，转让方和受让方就审计后的结果设计相应的交易方案。

### 12. 借款保障

由于股权转让的复杂性，往往在股权过户前，可能受让方都需要出借一笔资金来为项目公司进行周转来解除股权过户的限制，此时这笔资金的安全性就必须考虑清楚。

（1）资金支付以代付形式进行

资金要出借，首先就是要明确支付对象，对清理股权限制无作用的不合理支付诉求是不予接受的。在明确支付对象后，也要明确资金支付是以代付或者购买债权的形式进行，即支付款项不走项目公司的账，以防止万一项目公司进钱后，被各路债权人瓜分导致肉包子打狗有去无回。

（2）足额担保

资金支付后，如果一时半会没法过股权，那一定是要有足额担保措施，要么股权质押、要么资产担保，总之就按照借款的方式来考虑风控措施。

当然如果股权、资产都没法提供，那也要努力做到后顺位的抵押，起码要比那些或有负债的偿还级别高，当然一定也是要求资产价值扣除优先顺位债权后要有充裕的余额。

### 13. 履约能力担保

股权收购一般都要压尾款，以避免或有负债出现后，转让方不管的情况。之前大开发商收购别人的时候，喜欢给人留 20% ~ 30% 的股权，一是减轻自身资金支付压力，二是如果出现问题，转让方留下来的股权也算是做了个担保，有解决问题的抓手。

## 四、交易财务知识点

### 14. 股权稀释的约定

比较好的一个公式就是：股东的股权比例（利润分配比例）= 股东的累计资金投入数额 / 项目累计资金投入数额。股东的累计资金投入数额计算的是自有资金的投入，是需要扣除项目公司已经偿还给股东方的资金。

### 15. 过渡期损益

一般来讲，对于正在经营的项目，在审计评估基准日至股权变更日或交接日之间，都会因为经营造成一些财务数据上的变化，特别是可能会有盈利或者亏损。交易的时候就是要讲清楚，除了双方认定的发生成本之外一概不认，多了一分钱都是转让方的责任。

### 16. 资产作价的计算

有些交易中，转让价款并不是一个定数，而是一个根据某些因素影响（如规划批复下来的计容总建筑面积）会浮动的数字，这就给履约带来难度，因为公式可以各自理解产生分歧，而钱又是最大的问题。

所以可以在合同中把公式列出来，再约定一个目标假设，在目标假设的情况下计算一个转让价款，当然假设后面可以约定，以 ×× 为准，留给未来履约以修正的时间，但是对公式的歧义就不会有了。

约定一个总价的另一个好处，是可以明确后续违约赔偿的计算基础。

### 17. 最有利的付款方式

（1）价值与价钱对等

举个工业用地转性住宅用地的例子，转性前与转性后的价值是天壤之别，当然转性也有不确定性，所以收股权的时候，一开始只能按照工业用地价值去估价付钱，等到转性完成后，收购剩余股权的时候就可以重新按照住宅用地价值去估价，然后把差额部分在第二次转股权的时候一起补上。

这种做法的好处是，万一转性不成功，受让方也没有超付资金。

（2）100% 股权过户后分期付款与分次收购股权并付款

对受让方最有利的付款方式是 100% 股权过户，后面分期付款，对受让方而言有足够的保障和控制力，而且也能快速开发。但是对转让方来讲，他肯定希望给多少钱过多少股权，自己还掌握有股权还有控制力。

## 五、零散知识点

### 18. 格式合同的处理

有些情况下，为特殊目标，有可能提交给工商局等机构的合同是格式合同，和本合同并不一致，所以可以表述：日后印办理工商变更登记手续所提交的文件（包括但不限于股权转让协议、股东会决议等）均是为达成本合同目的而签署，如有与本合同不一致的，应以本合同的约定为准。

### 19. 合同所涉及第三方的处理

不少项目的合同中很多条款都会涉及与合同不相关的第三方，本身他们和交易并没有直接的关系，但由于他们也是项目的利益方，往往是他们与转让方有一定的合作关系，合作对象发生了变更，其实他们是有权知晓。按理说应该事先有一份谅解声明，对转让方转让的行为予以确认。当然有些合同甚至需要重新签订相关协议（如返还等）。

当然，虽然合同中不能对第三方进行约束，但也可以促使转让方去执行沟通任务、承担责任，并将第三方的进展作为双方合同的一个前提条件加以约定，由转让方承担第三方行为产生的责任。

### 20. 排他

协议约束排他是必须的，而且必须要有高额的违约条款，这是一条威慑条款，虽然转让方想违约受让方一定拦不住，但是总是有了一条制约措施。

### 21. 资金方持股

资金方持股，一般都是要先结束借款计划。借款计划结束后，项目公司股权一般都是原路退还，当然如果有约定，也可以直接转给受让方。资金方持股有不好的地方，就是会把事情变得复杂化，证照章一般都在资金方手上或者共管，但是也有好的地方，项目公司层面或有负债的可能性下降非常多，因为资金方作为债权人是比较忌讳这种事情的发生。

### 22. 外资

如果合同中出现了外资与人民币计价共存的现象，那就会有人民币与美元之间的汇兑问题，解决方式是约定某个时点的汇率，比如合同签订日的美元对人民币汇率或者资金实际支付日的美元对人民币汇率。

### 23. 债务重组

收购一家已经爆雷的公司，如果不走司法拍卖路线，那必须要和全体债权人签订重组协议，才能保证项目收下来后能够开发，如果债权人过多，那难度其实并不亚于拆迁，毕竟是要一个一个去谈，而且很可能谈的是债权折价，只要有几个钉子户，项目就很难落地。如果所有债权人都同意了，等同于受让方把债权都收购下来，自己成了项目公司的唯一债权人，再配合与原股东的股权转让协议，就能顺利拿下项目，“撸干净”，这也是很多不良资产的基本操作思路。

### 24. 分账户独立核算

合作的时候会碰到多个项目在一个项目公司名下的情况。所以只能分账户独立核算，建议可以分为“一期项目专属资金账户”与“二期项目专属资金账户”，并约定了独立核算、资金管理的原则。

# 第七章

# 投拓拿地中对开发商各条线的需求

## 第一节 投拓拿地对设计条线的需求

投拓中，对于设计条线是非常倚重的，有时候甚至可以说到了依赖的程度。有两块业务需要与设计条线全面配合，第一块是与政府沟通项目汇报时候的概念性方案，第二块是拿地可行性研究时做的强排方案。

### 一、概念性方案

本书在勾地方面的叙述中也有提起，勾地的抓手之一就是设计方案。可以说，不论是不是勾地，只要去和政府正式沟通项目，一般都要带着方案，通过方案来明确公司对项目的理解和对地块的诉求，政府也通过对方案的功能及形象提意见来提自己的要求。

值得注意的是，方案做得好不好，对政府理解是不是深刻，往往是项目推进能不能继续的一个非常重要的原因。

毕竟如果勾地的开发商产业比较强的时候，就拼的是产业；如果勾地的开发商产业不强的时候，其实更多的就是拼方案。

一旦勾地成功，政府准备设置地块的出让方案，其实参考的就是设计方案上的功能性贡献以及各项指标，来制订项目的控规及挂牌条件。

所以方案很重要，走的情怀路线，又要顾及经济技术指标：一是能不能推动得快、让政府满意；二是又要兼顾功能优、形象好，建筑好看、布局合理、功能全面，又要兼顾经济指标好，建筑好看但造价合理、功能全面但商办比例最小。

投拓拿地对概念性方案最大的诉求，就是高标准完成，把功能性的要求经济性的设计绚丽地表达出来，不伤害企业形象，形成一个没有硬伤、能够在政府那边愉快地沟通的文本。

当然，这对设计师也是一个挑战。

## 二、强排方案

强排方案是招拍挂拿地时候最常见的一个流程，很重要，很重要，很重要，重要的事情说三遍。为什么重要，因为营销的定价依据和成本的匡算依据都是看强排方案的状态。强排方案也是除了测算表之外，各部门能参与拿地讨论的抓手。

因为涉及拿地的成功率，所以在强排方案这块，投资的介入一定必须是非常深的。一般来讲，投资对设计方案的要求会有以下四个方面。

### 1. 货值最大化原则

一个项目做别墅还是做高层，建安成本的变化并不会很大，撇开赠送面积不谈，不同住宅类业态的主体结构毛坯单方造价差 500 元已经是非常大的差距。但售价上看，别墅还是高层的价差往往差了一倍左右。所以为了拿地，基本上每家企业都会考虑高低配做出最大货值，低密度产品比例越高，货值就一定越大，竞争力就一定越强，在竞拍场上就能多出几手价格，而项目的得与失，往往就是差在这几手。招拍挂失手后复盘与对手的差距，原来对方的低密度比例比自己更加多。

所以设计在产品高低配的努力上往往是不遗余力的，就比如泰禾在深圳宝安的项目，拿地时的方案为了做院子，直接把高层住宅拉到了200米的高度。

### 2. 地下面积最小原则

地下面积做一平方米亏一平方米，这是公认的事实，毕竟单个车位卖上20万元的少之又少，而且就算能卖得上价也不一定能100%卖掉。所以投资做测算，从经济性考虑，一定是会要求设计在地下面积上下功夫，一定要把地下面积控制到最低。

一是开挖深度一定是越浅越好，不然成本、工期都要大幅上去，所以能做一层地下的就不要做两层。如果地形上高低错落有优势，就做把标高拉高，做半地下车库甚至地上车库。

二是车位配比上，地上能多排的就多排点，隔壁有公园或者绿地可以调剂的就多调剂点，总之不要把车位都往地下“堆”。

三是能和低密度产品搭在一起的地下车位，就尽量搭在一块，以后整体捆绑卖。

### 3. 产品稀缺性和流速

这是投资和营销共同关注的，其实就是希望产品好卖。这就有很多细节问题，比如：①主力产品（别墅、洋房、高层）在整个市面上的竞争力强不强；②难卖的一楼顶楼如何去包装化；③容易沉淀的商业、车位如何处理等。

设计可能会比较关注风格，对标时髦的法式、ArtDeco、新中式，力求有先进理念的表现，但是投资对这个不关注，只是关心自家产品的竞争力够不够，和竞品比是不是能多卖钱还卖得好。

### 4. 小结

投拓拿地对强排方案的基本要求就是出一个可视化的平面图，并获得一个可供测算用的经济技术指标（方案指标），但是一个好的方案，必然是在土拍上有极强竞争力的方案，这就要求设计能尽可能做到以上三点。

## 第二节　投拓拿地对营销条线的需求

投拓中，对于项目未来售价的判断，投资和营销往往是处在一个对立面上。本质上而言，投资是预期管理，营销是现状判定，所以才有了矛盾。

营销：定价那么高，坑营销咯，有本事你自己去卖啊。

投资：给价那么低，找个保安也能卖，要你们营销干嘛。

其实说实话，拿地这种事，想拿就看预期，不想拿就看现状，毕竟拍地的时候那么多人竞争，谁看的预期高谁就拿到。

定价是激进点还是保守点，还是看领导层对大势的判断，下面的职能部门只是提供专业的意见罢了，当然所谓“专业”其实还是让位于屁股的位置。

投资对于营销条线的需求，更多的就是：①具体的定价意见；②客户的购房逻辑。

### 一、具体的定价意见

定价意见就是形式，为了完成测算，每个项目营销都要“给价格”，给完价格后，才能通过测算表算出各项指标，然后上会评判。

当然过程中的扯皮肯定是每个公司都有：投资为了拿地拼命提请

提高售价，营销为了避免自身压力拼命压低售价。

这种矛盾是没法调和的，拔高了说是专业之争，但其实就是部门本位之见，最后只能更高层的领导来决定采纳谁的意见。

两个可能可以解决的方案：

（1）营销和投资的分管领导是同一个，先一起内部平衡好，再对外输出。

（2）投资追加跟投，赌上自己的筹码，采用自己的意见。

## 二、客户的购房逻辑

其实价格这种对投资而言只是结果、算账用的，看起来很有道理其实都是拍脑袋。

但是投资对于营销最重要的需求就是描绘出这个项目客户的购房逻辑，这才是需求的核心点。

购房客群、购房理由、售房打法，这三点才是投资最关注的，支撑了一个项目能不能做的核心逻辑。

（1）购房客群的定位描摹

客户在哪里？是本地的客户还是外地的客户？是刚需型的客户还是改善型的客户？客户对房子的要求是什么，能承受的总价段是怎么样的？客户的状态和心态普遍是什么样的？

（2）购房理由的确立

为什么要买房，竞品多不多，存量大不大，有那么急迫吗？这地方适合投资还是自住？地段是稀缺到售价上可以上不封顶还是偏到再便宜也没人要？

（3）售房打法

搭个售楼处就会有人过来逛，还是必须找中介分销？该如何卖给本地人、如何卖给外地人？卖房是大开盘来烘热市场还是慢慢卖做利润？

其实，只要营销把项目的购房逻辑搭建起来了，价格水到渠成，就是选择和概率的问题。举个例子，环京的某项目，卖给本地人只能5 000 ~ 6 000元/平方米，但是如果卖给北京客户按照价格导出梯度就是10 000元/平方米，如果卖给本地人项目没利润就做不成，如果卖给北京客户那就有不确定性。投资的需求就是希望营销把两种可能性都论证一下，要么是因为北京客户来的概率太小而放弃，要么是自我加压努力寻找北京客户而针对北京客户打造产品，而不是简单粗暴只是给个价格意见。

## 第三节　投拓拿地对运营条线的需求

运营条线其实是一个很年轻的条线，是顺应企业规模不断做大、快周转要求不断提高而不断发展壮大。

早前，各房企是并没有一个单独的运营条线，运营的目标管理、数据统计、工期管理等职能都是散在财务、营销、工程等条线上，并各自落实，最多在项目总层面有一个比较粗糙的汇总。但是随着专业化、制度化的发展，运营条线作为房企的数据库及鞭子，作用日益突出。

投资拿地，其实也是非常依赖运营的配合。

### 一、知己知彼，百战不殆

投资是为公司而拿地，是储备原材料的过程。在整个公司拿地的生态系统中，这只是最前端的一部分而已，如果后端的开发销售运转不畅，前端的投拓拿地就失去了意义。

投拓拿地最大的意义，就是要从总经理的视角去审视什么时候拿地、拿什么样的地的问题，而运营正在统计的指标就是最好的参考答案。比如预计到1年内库存要耗尽，那就必须尽量补仓，甚至不惜代价高价拿地；比如商办库存太多，那就一定不能碰商办比例过高的地块；比如长期库存过多，就要拿短平快的项目来补现金流。

知道自己缺什么，才能有的放矢去补什么，不然就是乱拿地，对公司甚至可能是个伤害。

就如同和面中水和面的关系，水多了加面，面多了加水，投拓拿地也要讲求平衡，而不是一味地买买买。

### 二、制订开发计划

房地产项目的计划性可以讲几乎是所有行业中最差的，每个节点都是估不准的。

营销说预售证因为限价领不出来，工程说天气原因工期一定会往后拖，财务说融资款因为银行内部严控导致批不下来，报建说政府官员一直有人出差凑不齐开会拿不出证。

但还得有鞭子抽下去，不然一天天全部拖掉了。

所以运营在当这个鞭子。投资在做前期可研材料的时候就是以运营的鞭子抽下去的力度来确定开发计划。

有了确认的开发计划，投资才能够做出动态的测算，计算出 IRR 等指标。

## 第四节　投拓拿地对法务条线的需求

投拓中，正常状态下投资和法务的交集并不多，因为投资的大部分时间都是在做招拍挂，和买房一样，从报名到签出让合同，招拍挂都是格式化的操作，没法务什么事情；法务在开发商也是最忙的部门之一，不仅要审各种各样的合同，还要经常要处理一些比如与小业主的纠纷这种琐碎的事项。

但是一旦涉及收并购项目，那么法务就成了投资最为倚重的助手，因为无论从协议文稿、交易流程、投后履约，投资都要和法务充分交流，大部分对外的材料都要经过法务的确认，来达成合法合规的目的。

所以，投拓拿地，对于法务条线的专业需求，更多的是在于收并购过程中的专业支持。

## 一、需求而不是替代

投资是无法替代法务的职能，因为风险需要第三方客观评价，投资可以在裁判员的视角上来论述自己对风险的认识，但不可能去替代法务出具公司对风险的最终认定意见。

同样，在商务条件上，法务也是绝对不能替代投资去决策，当然法务可以提出自己的意见，比如交易结构的安排、风险事项的保障等，但是最终的商务条件只能是投资进行权衡并得到内部授权后对外输出。如果法务能参与商务条件的决策，那势必变回简单粗暴、难以通融，试想双方两个律师的对决场景，双方都维护各自利益，争当门板，基本上就是谈崩的结果。

## 二、你中有我，我中有你

收并购项目中，法务对于投资工作的介入，一般分为洽谈、核稿和投后履约等三块。

但无论哪一块，一般都是投资突前梳理方案，法务拖后明确合规。收并购从商务洽谈、股权过户、历史遗留问题的解决，每一步都是战战兢兢、如履薄冰，没有法务的壮胆，投资真的下不了决心大步前行，没有投资的领路和衔接，法务的专业也是无从谈起。

所以投资和法务的配合是非常紧密的。

比如协议文本，最好就是投资拟一稿初稿，然后法务审核并做文字上合规性的修改。

又比如已披露风险的评判和处理，一般法务进行风险大小的推演和判定，投资进行量化并约定转让方承责或自己测算中加成本。

### 三、讲逻辑，才能协同

收并购投拓中，与其说投资如何对法务有需求，倒不如说两个部门如何携起手来，一起共同作战。因为对于收并购的项目，法务一般都是全程介入，既然花了很大的力气出工出力，最终一定要努力做成，才不辜负自己的努力，所以投资和法务在目标上是一致的，本位的意识相对没那么多。

但是要协同作战，还是不容易。毕竟是两个部门、两个视角。

投资和法务还是有最大公约数的，就是逻辑。大家讲道理，什么条件能让什么条件不能让，让了会有什么后果，这个后果能不能承担。逻辑通了，其实双方就很好交流，甚至可以达到心意相通的程度，无论是现状转让、包干承责还是有对赌约定，都是可以互相理解。这种理解的力量往往在实践中能表现为更高效的落地项目。

## 第五节　投拓拿地对市场研究的需求

### 一、市场周期研究

#### 1. 宏观上

市场周期的研究其实非常鸡肋，那么多年的房地产运行轨迹已经很明确地告诉我们，市场周期和政策变化是呈现出非常强的正相关性。调控政策变严了，市场就呈现下行走势；调控政策变松了，市场就呈现向上走势。

所以，与其看研究报告来明确加速买地或者加速卖房的时点，倒不如看看政策的变化，或者预判政策的变化，可能还更准确点。

市场周期的研究，有需求的地方，还是希望有结论：在政策出台后，各城市楼市价和量的波动可能性，即波动的周期和阈值，政策来了之后会涨会跌，会有一波脉冲，但研究报告要描摹得出涨多久、跌多久，到什么时候能达到稳定状态。举个例子，现在各大城市都在开放落户，也不要去论证会不会有效果，因为肯定会有效果，但周期研究就是要研究什么时候能涨到什么位置，有一个量化的结论。

宏观上，投资对于周期研究最需要的，就是预判，而大部分研究机构做的都是复盘工作，归纳总结，这个很好做，但是没什么用。

### 2. 微观上

每个城市的周期描摹都很简单，画一张量价关系图就可以了。但是现在的房地产周期越来越短，越来越呈现小周期的状态，往往月度数据统计出来后，3 个月的数据出趋势，但是市场已经飞起来了。土地市场更加发动在前，3 个月已经连尾巴都抓不住。

所以周期描摹也需要碎片化，甚至实时化监控，因为周期在不断缩短，也许一个新政、一次抢房，在自媒体大军的带领下就足以扭转当时楼市格局。

在微观上，房企对周期研究的需求，就是抓住每一个红盘的开盘监测，了解热销的原因，及时对客户的状态进行客观全面的扫描，而不是就数据论数据，而且这几年数据都是有失真的问题。周期研究是一个动态研究，供应和需求永远是动态发展的，这其中需求又是最主要的部分，做周期才有意义。

当然，土地市场是供地方（政府）和需求方（房企）的博弈，双方的博弈形成了土地市场的周期。所以从这个角度而言，投资对市场周期研究的需求，还包括了同行的实时监控，了解竞争对手的拿地意愿。

## 二、城市进入研究

作为城市进入研究，首先有一点要明确，这份报告要用 3 年，而不是 3 个月。现在的房地产周期越来越短，做报告一般要 1 个月左右，往往写报告的时候，就已经风来风往了。

房企为什么要研究这些城市，是因为这些城市有好的表现，但是房企又不熟悉、很纠结，所以才研究。但就怕报告还没写完，土拍市场已然拉了几个涨停，门槛太高进不去，研究或是不研究也没意义了。

所以城市进入研究，一定是要做好用 3 年的准备，否则花的钱并不值。

对于投资来讲，对城市进入研究的需求按照重要性排名如下。

### 1. 城市未来 3 年的供地热点在哪里

要进入某个城市，就必须有地可拿，那么可以选择土地的区域在哪里？这是城市进入研究的首要课题，毕竟如果没有土地出让，研究得再深入都没用。

一般来讲，每个城市都会有年度供地计划，但是这肯定是不够的，还要从城市的发展规划、棚改计划以及政府走访中寻找供地热点，毕竟开发商新进入一个城市靠的就是这些信息，才能指导拿地。

### 2. 城市发展方向在哪里

新进某个城市，必须要明确，哪里是城市的发展方向，哪里是城市的遗忘方向，趋利避害。中国的各城市的发展史其实是一部部造城史，政府开发了一个又一个新区，然后投放了大量的资源（交通、教育、医疗及行政等），随着城市化的热潮，一步步不断成熟。现在中国各地的普遍情况是，新区的房价高于老城区。当然有些也是伪新区，因为各种各样的情况没发展起来，但一定也是因为政府后续投入不足引起的。

明确城市的发展方向，确认政府的重点资源投放区域，也是投资要非常关心的问题。

### 3. 城市的集中就业地、通勤与配套

对于三四线城市而言，需求相对比较难把握，因为居民们基本不缺房，缺的是高品质的住宅（产品定位是营销的需求，不展开，这点也很重要，毕竟三四线城市都处在房产消费升级阶段）。而且小城市有三个需求特征：一是就业集中在政府、银行，二是居民对于通勤距离相对比较敏感，三是对于配套极度关注（学校、商业等）。

所以投资也希望能做一张城市地图，上面标明集中就业区，通勤方向，以及配套。常规来讲，通勤路上的所有地块都是可以拿的（背离通勤方向就有一定的不确定性），以及周边有好的学校与商业。

### 4. 城市的财务生态

三四线城市的居民往往也分阶层，那些中产阶层的家庭财富比例大致是什么状态（房产价值比例、现金存款比例、股值比例），存不存在继续财富搬家的可能性，都住在什么区域，有没有继续迁移的可能性；那些新晋阶层甚至农民工阶层近年来收入改善的微观观察是怎么样的，有没有可能在近三年举全家之力在市区购房；下属县、镇对市区房产的看法是怎么样的，市区房产的吸引力如何，有没有可能靠学校、商业或者交通吸引下属县、镇的客户购房。

### 5. 同行在做什么，做得怎么样

对于三四线城市，也要梳理我们的同行在这个城市做得如何，如果他们做得好，复制进入；如果他们做得不好，那么创新进入。前人

的经验可以继承，前人的坑可以绕开。

## 第六节　投拓拿地对尽职调查的需求

很多投资小伙伴把尽调当作负担，觉得拖慢自己拿项目的进度，还要协调财务法务一堆事儿很烦琐，但实际上尽调是投资的好帮手。本节就是盘一下投资对于尽调的需求，让大家搞清楚投资在尽调中到底需要关注哪些东西。

尽调对投资来讲，有两个很重要的意义，一是核对测算，二是确认转让方口径。

### 一、核对测算

尽调费时费力，如果是借用外部的力量，那就要花钱，如果是调用内部的力量，那就是挤占其他部门的工时。所以在尽调启动前，一定是会要求公司明确授权。

而一般而言，授权依据是对于项目的初判报告，核心就是算账，项目盈利指标突出、现金流指标突出，公司才会考虑进一步了解，看看对方的报价是否合理、是否有机会拿下。

核心就是测算，但在尽调之前，所有的测算数据和逻辑就是未经我方或者第三方公允确认的，都只是合作方口头披露。

对投资而言，要通过尽调，把测算据实核对下。两个关键点，一是有票成本的确认，二是可量化风险成本的确认。

#### 1. 有票成本

初步接触的时候，合作方报的往往都是他自己的投入成本，并可能会认为投入成本就是有票成本。可是不少支出并不一定有票据支撑，也无法在测算表里体现为税前列支的成本，这一块就需要在尽调中进行确认，并在测算表中进行调整。比如财务成本、管理成本、已有税筹虚增票、前序收购溢价等，都是需要重点关注的地方。

### 2. 可量化风险成本

不少风险事项，也需要尽调后经各部门讨论才能量化成本，尽调也是确认成本的过程，比如前期开发部分的须结算税款，又比如地下溶洞海岸沙质土壤的处理成本等。

## 二、确认转让方口径

在尽调之前，几乎所有的信息披露都是转让方的披露，尽调之前签的所有协议上的核心现状表述也都是基于转让方的陈述，除了双方协商的商务条件之外的内容，基本上就等同于是一份转让方的访谈稿，这个问题蛮大的，因为无法排除转让方有意或者无意的造假行为。为了确认口径、规避责任，还是要通过尽职调查对转让方的信息披露和承诺事项做进一步的确认。

一般对于项目签约的流程有两种，一种是“框架协议—尽调—正式协议”，另一种是“正式协议—尽调—补充协议”。

前一种相对主流，一般就是根据合作方的说法及已经公开的信息，各方签一份约定初步商务条件及排他的协议，然后根据尽调情况最后再调整；后一种也常见，主要就是为了满足尽快推进锁定项目的要求，直接把正式协议签了，但是一般也约定了尽调如果有问题的退出机制。

在尽调之前，所有的关于项目的信息都来自转让方陈述，一般很难确认转让方的陈述是不是符合实际，或者是否基于主管的意愿或客观的能力有遗漏。尽调前的协议，作为受让方，只能根据转让方的陈述和一些外围资讯来评判一些影响项目价值的风险事项，并约定双方的责任义务。

无论是哪一种流程，尽调都是对转让方的陈述做一个确认（包括土地的手续状态、项目公司的经营状态、股东的财务状况等），并且寻找出转让方未曾披露的其他影响项目价值的风险事项。

如果有不符合转让方陈述的部分或者有新发现的风险事项，就必须在正式协议或者补充协议中进行更正，其他要在尽调了解风险程度的基础上，讲清楚双方的违约责任。

建议在拟定协议的时候，单列一款转让方的承诺事项，就是对尽调报告甚至审计报告披露出来的问题，逐一约定，明确到底是谁的责任，如果是转让方的责任就是约定处理方式及罚则，如果是受让方的责任就是约定现状承接。

## 第七节　投拓拿地对评审的需求

项目上会是每个努力推进项目的投资人非常忐忑的一个环节，项目上会效果好，自己的努力就没有白费；项目上会效果不好，自己就白辛苦一场，路白跑、酒白喝、报告白写。

我们辛辛苦苦学技能、兢兢业业做事情的宗旨，并不是只为了拿俸禄，而是让自己的工作有获得感。活不能白干，如果预期要白干的活真不如混日子，如果要做事，那必须全力以赴把事情做成。

但是只要公司体系内有评审这个流程，那必然是官僚的、形式的，评审的时候并不会过多考虑投资人推进项目的艰辛，或者商务条件背后的妥协，各部门一定是从自己部门的本位上来考虑对自己部门工作的不利影响。否定一个项目很简单，再好的项目都会有风险项，无限放大上纲上线就好了。做成一个项目很难，要舌战群儒，一一说服。

本节讲述下评审中容易被攻击、项目最容易因攻击而夭折的风险点，以及可能的解决方案。

## 一、攻击点之一：利润低

作为常规的房地产企业而言，利润是一个非常重要的考虑因素。评审的时候，只要有人提出来利润不高，是足够对决策人产生非常大影响的。

项目利润低，对企业而言有很多问题：一是资金使用效率低，同样一笔钱投在其他项目上，可以产生更大的收益；二是安全边际差，利润低就意味着难以承受楼市的波动，一旦房价不达预期，就会直接产生亏损；三是销售要求高，利润低的话，对于项目而言，必须要尽可能全部销售完毕，如果产生了商业、车位等长期库存的话，势必会造成自有资金的沉淀。

**解决方案**

基本上利润低这个点能挽回的空间并不大，解决的方案一般都是从现金流去考虑。就是和决策人讲：项目虽然不赚钱，但是属于“短平快”项目，周转快，现金流好，能赚销售额。等于是开发企业用一部分自有资金撬动了几倍杠杆的融资，金融机构贷款、工程款、税费等都是滞后结算，销售回款那部分钱可以无息用着。

如果项目表现的现金流也不行的话，只能上纲上线了，即用“战略进入”或者“稳定团队”两个口径去解释问题。“战略进入”某城市关系到企业的未来布局和对外形象；“稳定团队”则关系到城市深耕可持续等问题，毕竟没项目的话也留不住人，留不住人公司也就不复存在。与企业战略与生存相比，利润往往也是可以被舍弃的选项。

## 二、攻击点之二：难售的货值大

评审的时候也会审议货值组成和利润来源，而商业和车位等难卖的业态就成了争议点。一方面是因为商业、车位的售价弹性比较大，不容易对标可比案例，让评审领导们心里没底；另一方面也是因为商业、车位的货值往往较大，对利润影响较大。

为了做高项目内部评审时的测算利润额，有些投资人员也比较喜欢往上拉一拉商业和车位的价格，反正商业和车位的销售一般都是在项目开发的末期，问题不容易马上暴露。一开始很多公司也接受商业、车位高估值的说法，但随着大量房地产公司都出现了海量商业车位库存积压的问题，也导致评审的领导会不分资产好坏直接炮轰。

在评审的时候指责项目的商业和车位卖不掉是一种政治非常正确的行为，甚至也成了评审的小技巧。

**解决方案**

在上会前就要想清楚商业和车位是逃不掉的会被攻击的点，就算投资人员认为卖 15 000 元 / 平方米已经很便宜了，但就有评审领导认为卖 10 000 元 / 平方米也卖不掉，很难自证。所以能解决的方案，其实就是在做方案的时候，就尽量少做甚至不做这些业态，减少评审时候的火力点，优化方案宁愿把住宅的业态再多优化下，做点低密度产品，也比做商办扯不清楚的好。

所以，做方案的时候，地下面积尽可能减少；车位少做；商业尽量不要环地块绕一圈，尽量放置在路口或小区出路口；层数能做一层就不做一拖二，制造稀缺性，上会时候好说一点。

## 三、攻击点之三：售价、成本、融资

评审的时候经常会被攻击的点，还有售价觉得高了，成本觉得低了，融资觉得激进了。

的确也是，每个参与评审的部门都会有自我保护的意识，一定是要留有余地的，不可能主动要求自我加压。说这些点也是非常正常的，而且难以反驳，毕竟是专业部门的意见。当然有时候也会有跨专业的评议，比如营销觉得成本做的太高了，设计觉得售价定得太高了，听到这种意见也会觉得很郁闷，但也没办法。

**解决方案**

首先还是要尽量得到职能部门的认同，请他们认同，或者最差也是带条件同意，让投资人员知道努力的方向在哪里。如果职能部门异议比较大，那只能动用整个区域公司的力量，区域公司一把手带头承责推进，毕竟操盘手是区域，相比总部，区域公司扎根城市，对地块、产品、融资可能性理解更通透，区域公司执意要做的事情，总部理论上是不应该质疑的。当然区域公司可以以跟投的方式下重注，以表明自己的态度。

针对售价、成本、融资等方面的质疑，已经不是投资一个部门能搞定的事情，必须是倾全区域公司的力量往上冲。

## 四、攻击点之四：或有负债（收购）

收购项目中最讲不清楚的地方就是或有负债，或有的问题来自转让方的不披露。本质上是对合作方的不信任，因为测算的时候，或有的问题都是不在成本项里面的，突然冒出来的问题都可以让项目的利润大幅降低。

当然，其实说实话，如果你对转让方非常不信任，那干嘛要和他合作呢，能谈到合同阶段、内部要上会确认的项目一般都已建立有充分的互信。不过评审的领导们没见过转让方，为了让自己免责，多提几个或有负债的问题其实也不为过。但投资人员压力就会很大，这种问题就是在证明转让方是清白的，讲得多了，就变成在替转让方说话，显得好像自己和转让方有什么密切往来似的。

如果评审领导们要否决项目，讲项目太复杂、或有风险可能性比较大，面上都是没有错的，而且一定毙得掉。

也不要指责评审领导们总提或有负债，因为再憨厚的转让方，能坐拥那么庞大的资产，一定也都是有演技的。

**解决方案**

这种问题要彻底解决是比较难的，因为提或有负债，本质上就是本位主义或者对转让方不信任。讲白了，自证清白尚且不容易，投资人员还得替转让方讲话，难上加难。

当领导一直在强调或有负债的时候，这个项目其实就离被毙掉不远了。要救回来的话一定是要转让方来配合，就是优化条件，一是付款上给以予充足的时间来测试或有负债会不会出现；二是增加转让方的担保物，来提高其履约能力；三是转让方如果诚意卖，也要配合投资人员来见见评审领导们，加深互信。

如果有信任感，就不会相信“或有”的东西。如果没有信任感，连存在的东西也不会相信。

## 五、攻击点之五：溢价（收购）

溢价，又是一个很敏感的事情。对项目而言，转让方要的溢价和受让方的利润是个零和博弈，转让方的溢价要多了，受让方的利润就少了。

收购项目中，溢价的存在让老板是有戒备心的，溢价要给多少才是合适的，如何测试投资人员的公心，一直是土地投资场上难以评判的话题。

对投资人员而言，得让自己能够讲得清楚，否则不仅好好的项目被否了，自己还被质疑人品，那就没意思了。

**解决方案**

首先是算账，项目必须有利润，没有利润的收购项目就没有做的必要，如果要强推，必然受到质疑。其次是溢价的数额，让老板去判断，就算老板还了一个极低的价格，也要做好佛系的准备，转让方觉得不合适就算了，也和老板讲清楚转让方不愿意合作，不能过于强求，毕竟要保持中立的态度。最后，测算下来有利润，但是因为溢价的问题公司比较犹豫，其实也可以找另外一家房企一起来合作收购，说明别人也认可这个溢价，这个价格是公允价值，让决策层们放心。

如果说或有负债是对转让方的信任与否，那溢价就是对经办人员的信任与否，如果投资人员深得老板的信任，那再高的溢价都能无异议；但大多数情况下，老板对投资人员并没有那么信任，推进有溢价的项目会导致信任危机，这种不信任感也不是简单的避嫌所能够解决的。

# 第八章 尾记

## 第一节 拿地坚守利润率指标的意义

土地市场火热的时候往往一地难求，但是各家公司提高自己土地市场上竞争力的手段还是非常有限，无非是提高售价预期、降低成本，以及降低项目的利润率要求。这其中，尤其以降低利润率要求最为简单粗暴，毕竟无论提售价还是降成本，相关条线的压力都很大。

所以，一旦碰到拿地遇到困难，各家企业都会下调利润率指标，从净利率 12% 一路降到 10%、8%、6%、5%，甚至就是 0%。

但本节也是想讲一讲，拿地还是要坚守住利润率指标，讲利润率控制，其实更多的是给各家企业守住盈亏平衡的底线。

### 一、净利率指标只是一个全货值口径的账面指标

测算的时候是把全部业态的货值都考虑在内的，并不考虑是不是能真正卖得掉，在全货值口径都能完全变现的基础上，测算出项目整体的利润率。

但是每个项目都会有商业、车位这种难卖的业态，测算时候能凑货值、能拉利润，但是卖的时候却不一定好卖。比如车位，交房 5 年后还在卖车位的楼盘比比皆是。又比如商业，恒大的做法就是 5 折后再 5 折，当年测算时候商业的货值到最终实现的时候降得厉害。

一般而言，商业、车位这种难卖业态测算时候的货值不会太低，往往占据总货值的 10% 以上，如果卖不掉或者货值折损出货，那测算时的预测净利率实际上就很难实现，往往最后复盘时发现项目的利润折成了一堆商业和车位资产。如果净利率定在 5% 以内，其实等到竣工交付的时候就会发现，往往项目上没赚到钱，甚至还要把自有资金贴进去，拿到手的都是商业和车位。

因为测算假设和实际操作中的一些不同，所以一定还是要留一些余量。以防止万一商业车位卖不掉或卖不上价的情况。

## 二、净利率指标在风险的控制中，就是一个缓冲量指标

一切房地产项目最大的风险就是市场风险，房价万一跌了或者被限价卖不上去，都会导致项目亏损。

如果以 10% 净利率进行拿地定价，相信大部分项目的售价压力测试都是通不过 8 折测试，一旦预期售价打 8 折，就亏了；如果按照 5% 净利率进行拿地定价，那大部分项目的售价压力测试一般是通不过 9 折测试；如果净利率按照 0 来进行拿地定价，那一有风吹草动就亏了。

净利率越高，安全垫越高。

当然也会有人会讲，房价也会涨的啊。那没问题，把预期房价算进去，还是按照正常的利润率进行拿地定价就好了。

# 第二节　市场风险：某项目从收购成功到市场失败的历程

这个项目还是有点意思的，项目坐标某强二线城市，当年收购的时候价格相比周边很有优势，算是又一个成功的收购案例。但2年过去后，随着市场下行，这项目反而成了公司内部的累赘，内部开始反思。

一、项目基本情况

项目地块位于某强二线城市二圈层近郊区域，占地面积150 543平方米（226亩），地上建筑规模18.1万平方米(住宅89%、商办11%)。转让方于2010年通过公开市场以29 283万元（130万元/亩）价格取得项目地块，转让时为净地，转让方已付清地价款29 283万元及土地契税983万元，并完成其他初始投入3 720万元(前期工程费1 691万元、建安工程费1 677万元、开发间接费152万元及转让方后续工程结算约200万元，受让方认为其中2 916万元属无效成本)，合计33 986万元，相关规划手续尚未办理。

项目股权转让总价格116 100万元，扣除项目公司应收债权20 100万元，已投入契税及其他初始投资，对应土地转让价格91 297万元(楼面价5 054元/平方米)，按此计算，溢价62 014万元。按最不利情况下，考虑到无效成本投入（2 916万元），土地出让金不能抵扣增值税，土地溢价多缴的增值税及附加、土增税及所得税后，折合可比招拍挂楼板价约为7 718元/平方米。

## 二、收购时点市场状态

项目收购时点的市场状态还是比较好的，当时的分析及对标如下。

### 1. 房地产市场

周边区域产品以别墅为主，高层住宅稀缺，别墅售价1.7万元/平方米、高层售价 1.4 万元 / 平方米，去化速度快，基本无房可售。

（1）项目所在行政区 2014—2016 年成交商品住宅建筑规模 210 万平方米，其中 2014 年 34 万平方米，2015 年 49 万平方米，2016 年 127 万平方米，同比增长 159%。同期，2015 年及 2016 年商品住宅供应面积分别为 30 万平方米和 75 万平方米，远远供不应求。

（2）项目所在区域在售项目多为早期拿地项目，由于缺乏新盘带动，区域价格增幅相对其他区域平稳，2016 年各项目去化速度快，目前基本无房可售。区域住宅产品主要吸引该强二线城市西南及南外环区域刚需、改善型客户，受市区住宅价格快速上涨影响，越来越多的改善客户外溢来此购房。

（3）二圈层可类比区域别墅售价已达 3 万元 / 平方米、小高层售价 19 000 ~ 20 000 元 / 平方米，鉴于类比区域地价屡创新高，预计未来 1 ~ 2 年内，其住宅售价将进一步增长。

### 2. 土地市场

本区域地块可参照地块成交情况如表 8-1 所示，该强二线城市的地价自 2016 年以来呈现了爆发式上涨的态势，本项目的并购名义楼板价相较而言较低，折合可比招拍挂楼板价相对较高，但是由于预期地价还有继续暴涨的趋势，所以判断仍有可取之处。

## 三、收购利润测算

按照表 8-2 的售价假设进行测算，项目税后利润为 9.3 亿元，溢价 6.2 亿元，受让方的税后利润是 3.1 亿元。

## 四、地价的高峰及房价的回落

项目是 2017 年 1 月完成收购，从接触到股权过户就花了 3 个

**表 8–1 可比案例**

| 宗地名称 | 建筑面积（平方米） | 容积率 | 规划用途 | 商品住宅比例 | 成交价（万元） | 楼面价（元 / 平方米） | 溢价率 | 受让单位 | 成交日期 |
|---|---|---|---|---|---|---|---|---|---|
| 参考招拍挂项目一 | 234154 | 1.0 ~ 1.5 | 纯住宅 | 100% | 48 500 | 2071 | 48% | A | 2016–09–08 |
| 参考招拍挂项目二 | 145408 | 居住 1.2<br>商服 1.5 | 居住、商服 | 95% | 108 000 | 7427 | 297% | B | 2016–10–11 |
| 参考招拍挂项目三 | 276797 | 1.0 ~ 1.5 | 居住、商服 | 96% | 124 000 | 4480 | 180% | C | 2016–11–23 |
| 参考招拍挂项目四 | 296594 | 1.0 ~ 1.5 | 居住、商服 | 94% | 165 000 | 5563 | 247% | C | 2016–11–30 |
| 参考收并购项目一 | 251107 | 1.0 ~ 1.2 | 居住、商业 | 82% | 136 150 | 5422（原始土地获取价格 1688 元 / 平方米） | — | D | 2016–12–8 |

**表 8–2 测算假设**

| 产品类型 | 总面积（平方米） | 比例 | 业态 / 产品标准 | 建安成本（元 / 平方米） | 开盘价格（元 / 平方米） | 销售周期 | 整盘均价（元 / 平方米） | 备注 |
|---|---|---|---|---|---|---|---|---|
| 联排别墅 | 64800 | 36% | 中端 | 3595 | 21000 | 2017 年 3 季度—2019 年 2 季度 | 22000 | 毛坯 |
| 高层住宅 | 95303 | 53% | 中端 | 2885 | 14500 | | 15500 | 毛坯 |
| 配套商业 | 15594 | 9% | 普通餐饮娱乐 | 3865 | 30000 | | 30000 | 毛坯 |
| 商业公馆 | 3375 | 2% | 普通餐饮娱乐 | 3865 | 30000 | | 30000 | 兼顾商业功能 |
| 其他配套 | 1580 | 1% | | 4280 | — | — | — | 无偿移交 |
| 车 位 | 736 个 | — | | 4135 | 15 万 / 个 | — | 15 万 / 个 | 地下可售车位 |

月的时间。2017 年 4 月，区域内一宗招拍挂项目直接被拍上楼板价 10 500 元 / 平方米的高位，还要自持 15%，折算下来可售楼板价要 13 000 元 / 平方米左右。从土地价格上涨而言，本项目的收购还是做得非常好的。

但随着调控的深入，市场的不断下行，该强二线城市的房价也大幅下挫，2018 年底，该项目的高层住宅的房价降到了 11 000 元 / 平方米，去化也不理想。

### 五、探讨

这个项目究竟收得好不好？

从技术层面来讲，无疑是非常成功的，毕竟土地价格的上涨是立竿见影的事情，收购完 3 个月后就发现土地价格暴涨，显化了投资人的价值。

但是从市场最后的结果而言，项目卖 11 000 元 / 平方米，与项目之前预测的 15 500 元 / 平方米的价格出现了背离，对于公司而言，以结果论英雄，不能产生利润的项目就不是好项目。

投资的人，不能只为了技术而技术，还是要尊敬市场、敬畏市场。

## 第三节　何谓拿地的精准投资

本段文字是 2019 年年初写的，并发表在《城市开发》杂志上，与众多业内知名人士进行了讨论，当时经历了 2018 年年底开始的地产寒冬，各大开发商都在不断总结反思，但都逃不掉对投资拿地的更高要求：精准投资。

以“精准投资”做本书结尾，期望投资人员在掌握更高的技战术水平的基础上，也对大趋势大战略怀抱敬畏、心存希望。

## 一、这个时点为何要大谈特谈精准投资

因为大部分房企都出现了土地储备危机，土地储备危机指的是：虽然各家房企 2018 年的销售额都很不错，千亿级的企业越来越多，各家房企土地储备账面上也能支撑更大的发展，但是进一步梳理以后却发现，为了冲刺销售额，2018 年把好卖的存货能卖的都卖了，土地储备看起来庞大，剩下的储备大多是：①无法开发的长期项目（如证照不全、一二级联动等）；②现金流较差的项目（如产业项目、商办项目等）；③尾盘库存（如住宅底顶楼、商铺、车位等）；④一二三四线地王项目（地价接近现状房价）。

土地储备账面上看起来很不错，但是“有效储备”并不多，不少计算的货值根本不算货值，或者要变现就要严重折价。虽然很多问题也不完全是投资人员的责任，但真的要追溯起来，大部分的风险在投资拿地的时候就已经存在了。

地拿错了，就真的成了变不了现的土地“储备”了，为了补决策失误的现金流亏空，需要拿更多的好项目来进行弥补。

## 二、“精准”投资，真的不容易

市场上行，价格暴涨，优质资产涨得多、劣质资产也能出货，只要卖得掉，谁都没责任，奖金多和少的事情罢了；但当市场下行，再也不是鸡犬升天的时候了，优质资产还能有销售，劣质资产直接倒在地上、动弹不得。

从结果论来讲，在市场好的时候，只要房子卖得掉，没有人关心地是不是拿得不够好、是不是精准，市场不好的时候，才会反思地是不是拿错了。

同时，优质资产和劣质资产也是相对的。举个例子，市场好的时候，核心城市的酒店式公寓、环核心城市的“外溢”产品都是优质资产；

市场不好的时候，这些都卖不动，都归于劣质资产。把 2017 年和 2018 年的房地产单项目成交排行榜前十做个对比（表 8–3）。

表 8–3 销售对比

| 排名 | 2017 年 | | 2018 年 | |
|---|---|---|---|---|
| | 项目名称 | 销售额（亿元） | 项目名称 | 销售额（亿元） |
| 1 | 三亚雅居乐清水湾 | 179 | 深圳华润城 | 168 |
| 2 | 济南中海华山珑城 | 142 | 深圳龙光玖钻 | 160 |
| 3 | 武汉融创中心 | 113 | 济南万达城 | 148 |
| 4 | 启东绿地长岛 | 107 | 济南中海华山珑城 | 120 |
| 5 | 嘉善孔雀城 | 106 | 西安碧桂园凤凰城 | 103 |
| 6 | 深圳万科红树湾 | 106 | 成都中海锦江城 | 99 |
| 7 | 深圳招商中环 | 99 | 广州亚运城 | 99 |
| 8 | 陵水碧桂园珊瑚宫殿 | 98 | 北京中海寰宇天下 | 92 |
| 9 | 固安孔雀城 | 96 | 西安阳光城壹号 | 88 |
| 10 | 北京泰禾中央广场 | 85 | 成都蓝光长岛国际 | 87 |

可以看得出来，2017 年单项目前十成交排行榜里，有 6 个项目都是外溢、旅居、商办性质，而 2018 年单项目前十成交排行榜里，清一色都是一二线城市的刚需产品。地产投资的逻辑发生了非常大的变化。

如果房企在 2017 年因为外溢、旅居、商办市场好而拿此类项目，2018 年大多成了滞销品。

## 三、破局和对标

市场的风格转换那么快，怎么做到精准投资？

比如 2018 年上半年，一二线楼市下行、地价却一直居高不下，但三四线甚至县域市场却越来越好。就算经历过 2012—2014 年三四线彻底的熊市，但能顶得住因为棚改而不断释放的购买力的诱惑？能预测得到即将到来的调控政策的收紧？作为一个决策者，能做什么样的“精准”投资的判断?

可能最后还是会因为业绩的压力冲进三四线。当然当时三四线的确还算是方兴未艾的蓝海，各项指标都远远好于一二线。

“精准”的本质，其实就是要求不犯错，但地产的牛熊市转换太快，只要拿地就有可能会犯错。拿地时候的精准并不算精准，精准是要等项目销售完毕后才能盖棺定论。

可以再复盘一下近几年来快速冲千亿的标杆企业，做好了投资才能快速做大规模，以结果论的角度而言，其实他们都是“精准”投资的活生生的例子，可以发现他们都有非常明确的打法，再配上一点点运气，就上了新台阶。

**表 8–4 策略对比**

| 地产企业 | 冲千亿元时间点 / 年 | 核心策略 |
|---|---|---|
| 华夏幸福 | 2016 | 区域聚焦环京 |
| 旭辉 | 2017 | 2014 年、2015 年逆势大规模拿地 |
| 新城 | 2017 | |
| 中南 | 2018 | 深耕三四线 |
| 阳光城 | 2018 | 高杠杆并购 |

如表 8–4 所示，华夏幸福赌赢了环京，2016 年环京爆发；中南赌赢了三四线，2017 年三四线棚改爆发。从这一点而言，所谓精准投资，其实就是看准了一点，然后坚持下去，下重注。否则永远都是试一试，难以做大。当然赌博是有赢有输的，走错路的企业也不少，比如那些坚持做旧改，坚持做文旅，还有做城市综合体的，也不能说现在都不行了，但至少被第一梯队给甩掉了，如果碰到短贷长投问题，那就直接出局了。

## 四、拉回现实，当下如何“精准”投资拿地

先留个问题：精准投资的内涵，是拿地后即暴涨、效果立竿见影，

还是低估值时即埋伏、坐等风来把猪吹上天？当年华夏默默耕耘环京的时候，有谁敢说它就是投资准确呢。

“精准投资”的提出，主要是大部分房企存在的土地储备危机，会导致利润大幅减少甚至亏损，特别是现金流压力更大，无法变现的资产就是饕餮，资金只会填进坑中却难以见到产出。发展中的问题，只能通过新拿的地来解决，趁着市场下行，通过“精准”投资，拿卖得又好、利润又高的地，用利润去补之前的亏空，用现金流去补之前的资产沉淀。

但是谈何容易，市场上行的过程中，房企们对各种类型的项目容忍度是非常高的，毕竟拿项目不容易，能拿到项目就够了，没法挑，抓到篮子里就是菜，甚至有点像赌石，买回来再打开看是不是宝石。市场下行的过程中，房企们的拿地理念反而非常趋同，不敢放预期、不敢乱承诺、要守住利润和要严控风险，导致看得懂的优质资产价格又被炒起来，导致从价格上来看变得并不“优质”。

市场强，拿地难；市场弱，拿地也难。当然，这对投资人员提出了更高的要求。

投资拿地永远是个平衡，风险和收益的平衡，没有风险小收益高的项目，高收益永远伴随着高风险。

规模型房企的精准拿地，更多的是从集团公司的战略层面去考虑拿地，赚钱不是一城一地的得失，而是通过规模带来的额外助益，诸如融资成本下降、运营规模效益、品牌升值溢价和上市资本运作等方面体现盈利。精准拿地，其实更多的是配合公司战略的实现，以公司的比较优势来实现对其他房企的超越。

当然还存在大量的以利润为导向的小而美的企业，它们的精准投资就是能卖得掉并赚到钱。的确也是，只要拿到的项目能让自己的企业良性运转，能够盈利，才是真正的精准投资。